June, 2, 2012

사랑하는 우리 지나 ~

벌써 학생이 아닌
사회인으로서 첫 발을
내딛는 자랑스러운
지나가 되었구나 ~
사회에서 이런저런
경험을 하다 보면
기쁠 때도 있고
앞이 막막한 때도
있단다. 그럴 때마다
이 책을 통해서

힘을 얻기를 바란다.,
Love, Mommy.

보호하심

좋으신 하나님을 믿고
기도로 간구 하면
항상 너를 보호해 주시고
지켜 주신단다. mommy~♡

보호하심

이찬수 지음

규장

하나님의 보호하심을 믿고 맡겼기에
두려움은 없다!

다윗이 골리앗을 무찌른 사건을 두고 대단한 '기적'이라고 말한다. 일어날 수 없는 일이 일어났기 때문이다. 그런데 사실 다윗이 골리앗을 이긴 것보다 더 큰 기적은 어린 다윗이 거대한 골리앗에게 '싸우겠다고 덤빈 것' 그 자체이다.

잘 훈련된 군사들조차 골리앗 앞에서 벌벌 떨고, 사울 왕을 비롯해 모든 사람들이 다 안 된다고 말리는 그 상황에서 다윗이 골리앗에게 용감하게 도전장을 던질 수 있었던 그 담대함의 원천은 무엇일까?

다윗이 자신을 말리는 사울 왕에게 뭐라고 하는지 들어보라.

> 다윗이 사울에게 말하되 주의 종이 아버지의 양을 지킬 때에 사자나 곰이 와서 양 떼에서 새끼를 물어가면 내가 따라가서 그것을 치고 그 입에서 새끼를 건져내었고 그것이 일어나 나를 해하고자 하면 내가 그 수염을 잡고 그것을 쳐 죽였나이다 삼상 17:34,35

다윗은 과거 자신에게 맡겨진 양들을 지킬 때 골리앗보다 더 힘이 세고 사나운 짐승과 싸워 이겼다고 말한다. 자신의 이런 경험으로 볼 때 골리앗 정도는 충분히 무찌를 수 있다고 사울을 설득하는 것이다.

큰 날개로 열심히 날개 쳐 오르는 것이 아니다
얼마 전 이사야서 40장 31절 말씀에서 큰 깨달음을 얻었다.

> 오직 여호와를 앙망하는 자는 새 힘을 얻으리니 독수리가 날개
> 치며 올라감 같을 것이요 달음박질하여도 곤비하지 아니하겠
> 고 걸어가도 피곤하지 아니하리로다 사 40:31

이 성경 구절을 읽다보면 마치 독수리가 자기의 큰 날개로 열심히 날갯짓해서 창공을 비상하는 것으로 오해할 수 있다. 그러다보니 이

5

구절을 묵상할 때마다 주먹을 불끈 쥐며, "나도 독수리처럼 최선을 다해 날갯짓해서 저 멀리 하늘로 날아오르겠다"라고 다짐을 하곤 한다.

그러면서 하나님께 비장한 모습으로 기도한다.

"하나님, 독수리처럼 잘 날 수 있도록 강한 날개를 주시옵소서."

그러나 이것은 잘못된 생각이다. 우리가 알고 있는 것과는 달리, 독수리는 자기 날개를 휘저으며 비상하는 새가 아니다. 사실 독수리는 나는 것에 약한 조류로, 날기에 굉장히 열악한 신체 조건을 갖추고 있다. 활짝 펴면 2미터에 이르는 육중한 날개를 지녔기 때문에 그것이 오히려 하늘을 나는 데 방해가 되기 때문이다.

그러다보니 독수리는 자기 날갯짓 대신에 공기의 흐름을 타고 하늘로 올라가는 방법을 사용한다. 태양열이 땅에 비춰면 공기가 따뜻해지고 그 따뜻한 공기는 위로 올라가는 성질을 갖게 되고, 그 과정에서 '상승 온난 기류'가 형성된다. 그러면 독수리는 그 기류를 찾아 들어가 날개를 펼친 상태로 바람을 타고 높이 날아오르는 것이다.

성경이 강조하는 부분이 바로 이것이다. 영어성경 NIV는 "독수리가 날개 치며 올라감 같을 것이요"(사 40:31)에서 '올라감'이라는 단어를 "soar on"으로 번역하고 있다. 이 단어는 마치 상승 기류를 타기 위해 접근하는 글라이더의 모습을 연상케 한다. 메시지 성경은 "날개를 펴 날아오르다"라고 번역해 이 부분을 더 구체적으로 묘사하고 있다.

그렇다. 독수리가 자기 날개를 이용해 하늘로 올라가는 것은 사실이지만, 한글성경의 표현처럼 "날개 치며" 자기 몸부림으로 올라가는 것이 아니라, '상승 온난 기류'를 만날 때 자기 날개를 펴서 그 기류를 타고 하늘로 비상하는 것이다.

영적 상승 기류에 내 몸을 맡겨라

안타까운 것은 오늘날 많은 그리스도인들이 자신의 몸부림으로 날아보려고 바둥거리며 산다는 것이다. 그들의 모습은 마치 참새의 모습과 같다. 겉으로 보기에 참새는 독수리와는 달리 날기에 적합한 신체 조건을 갖추고 있다. 가벼운 몸통과 날갯짓하기에 적당한 아담한 날개를 갖추고 있다. 그래서 참새는 날기에 좋은 그 신체 조건을 이용해 날갯짓하며 하늘을 가볍게 날아다닌다.

그런데 생각해보라. 결과적으로 참새가 높이 나는가? 독수리가 높이 나는가? 게다가 참새처럼 자기 날갯짓으로 살아가는 존재는 금방 지칠 수밖에 없다.

이사야서 40장 30절에 나오는 "소년이라도 피곤하며 곤비하며 장정이라도 넘어지며 쓰러지되"라는 말씀이 바로 그것을 설명한다. 원어로 보면 여기 나오는 '소년'이라는 표현은 "인생의 전성기에 속하는 젊은 남자"를 뜻한다. 그런데 성경은 이처럼 힘이 펄펄 넘치는, 인생의 전성기를 구가하는 '소년'이라도 결국은 피곤하며 곤비하며 쓰러지고 넘어질 수밖에 없다고 가르친다.

　이와 같이 우리 스스로 무엇인가를 이루어보겠다고 몸부림치는 신앙생활은 결국 지칠 수밖에 없다. 따라서 이제 참새처럼 날갯짓하는 내 노력을 내려놓고 독수리처럼 하나님께서 주시는 '영적 상승 온난 기류'를 찾아야 한다. 그리고 그 상승 기류를 만날 때 독수리처럼 날개를 펴서 그 상승 기류에 내 몸을 맡겨야 한다.

하나님의 보호하심의 은혜를 기억하라!

　오늘 한국 교회의 위기 중의 위기는 다름 아닌 '패배의식의 팽배'이다. 그도 그럴 것이 오늘날의 한국 교회는 한마디로 '동네북'이다. 나라 전체가 한국 교회를 손가락질하고 비난하며 질시를 보내다보니, 마치 이사야서의 묘사처럼, "온 머리는 병들었고 온 마음은 피곤하였으며 발바닥에서 머리까지 성한 곳이 없이 상한 것과 터진 것과 새로 맞은 흔적뿐"(사 1:5,6)인 것이 현실이다. 이보다 더 비참할 수가 없다. 마치 골리앗 앞에 떨고 있는 사울 왕과 병사들 같은 형편이다.

모두 두려워 떠는 이 때에, 우리는 하나님의 군대를 모욕한 골리앗 앞에 담대하게 나아간 다윗을 기억해야 한다.

> 또 다윗이 이르되 여호와께서 나를 사자의 발톱과 곰의 발톱에
> 서 건져내셨은즉 나를 이 블레셋 사람의 손에서도 건져내시리
> 이다 삼상 17:37

이 다윗의 고백에서 큰 진리를 하나 발견할 수 있다. 살면서 위기를 만날 때 하나님께서 그분의 큰 손으로 우리를 보호해주셨던 '은혜'를 기억해야 한다는 것이다. 과거에 하나님께서 부어주셨던 크고 놀라운 은혜에 대한 기억이야말로 현실의 장애물과 싸워 이길 강력한 능력임을 기억해야 한다.

지금 우리는 어느 때보다 간절하게 하나님의 은혜를 구해야 한다. '영적 상승 온난 기류'와 같은 하나님의 은혜가 절실히 필요한 시대이기에 목마르게 그 기류를 찾아 헤매는 분들에게 작은 도움이나마 드리고 싶은 마음으로 이 책을 세상에 내보낸다.

생각해보면 고마운 분들이 참 많다. 부족한 나를 믿고 따라주시는 분당우리교회 성도들, 한결같은 사랑으로 후원해주는 고마운 가족, 그리고 책이 나올 수 있도록 격려해주신 규장의 여진구 대표와 편집부 직원들에게 감사드린다.

이 책이 보호하시는 하나님을 기억하고 그 은혜를 되살리는 도구로 사용되기 바란다. 또한 우리 시대에 다시 한 번 성령의 상승 기류를 만나 영적으로 비상하게 될 그날을 사모하며 기다린다.

"주여, 이 땅에 은혜를 주시옵소서."

이찬수

part 03

내가 너와 함께 있어
너를 보호할 것이라

에필로그

part 01

나니 두려워하지 말라

우리의 마음에 성령님께서 도전 정신을 회복시켜주시길 바란다. '난 원래 그런 인생이야, 우리 가정은 원래 그래'라고 생각하는 사람들의 마음속에 도전 정신이 일어나게 되기를 바란다. 예수님의 응답을 붙잡고 배에서 뛰어내리는 모험을 감행할 때, 우리 인생이 주님의 위로하심과 보호하심이 있는 인생으로 변화될 수 있다. 지금 당신이 안주한 그 배에서 뛰어내려라!

chapter 01

하나님의 관점으로 바라보면
두려울 것이 없다

예수께서 즉시 제자들을 재촉하사 자기가 무리를
보내는 동안에 배를 타고 앞서 건너편으로 가게 하
시고 무리를 보내신 후에 기도하러 따로 산에 올라
가시니라 저물매 거기 혼자 계시더니 배가 이미 육
지에서 수 리나 떠나서 바람이 거스르므로 물결로
말미암아 고난을 당하더라 밤 사경에 예수께서 바
다 위로 걸어서 제자들에게 오시니 제자들이 그가
바다 위로 걸어오심을 보고 놀라 유령이라 하며 무
서워하여 소리 지르거늘 예수께서 즉시 이르시되
안심하라 나니 두려워하지 말라

마 14:22-27

유학생들을 위한 코스타 집회를 비롯해 여러 해외 집회나 다른 여러 기회로 세계 이곳저곳을 다녀보면 각 나라와 지역의 날씨가 참 흥미롭다. 한번은 안식년으로 LA에 간 적이 있는데, 날씨가 정말 좋았다. 한국에서는 일 년 중 가을에나 몇 번 볼 수 있을 만한 구름 한 점 없는 맑은 날씨가 매일같이 계속되었고, 눈만 뜨면 온 세상이 환하게 펼쳐졌다. 그렇게 하루하루가 좋았는데, 한 달이 지나고 두 달이 지나니까 나중에는 이상하게 짜증이 났다.

"왜 이렇게 항상 날씨가 좋은 거야? 하늘은 왜 또 이렇게 매일 맑아?"

그 단조로움에 싫증이 났다.

그런가 하면 내가 청년 시절을 보낸 시카고는 더울 때는 얼마나 덥고 추울 때는 얼마나 추운지, 그것도 화가 났다. 더우면 춥지를 말든지, 추우면 덥지를 말든지 해야 되는데, 여름에는 말할 수 없이 덥고 습하다가 겨울에는 영하 20도까지 내려가는 참 독특한 기후를 지닌 도시였다.

변덕스런 날씨 같은 우리의 인생

내가 겪어본 날씨 중에 제일 변덕스러운 날씨는 유럽의 날씨였다. 언젠가 코스타 집회를 위해 독일에 갔는데, 날씨가 얼마나 변덕스러운지 눈으로 보고도 믿을 수 없을 정도였다. 집회 시간에 맞추어 집회 장소에 들어갈 때는 구름 한 점 없는 화창한 날씨였는데, 한두 시간 뒤 집회를 마치고 나가 보면 비가 주룩주룩 오고 있었다. 그래서 비를 맞으며 숙소로 뛰어 들어가 우산을 챙겨 나오면 또 언제 그랬냐는 듯이 해가 쨍쨍 났다. 다시 우산을 놓고 와서 집회를 마치고 나면 또 비가 오는 것이다. 정말 종잡을 수 없는 날씨였다.

그런데 가만히 생각해보니 이런 변덕스러운 날씨가 우리 인생과 비슷하다. 우리의 삶을 보면, 하는 일마다 순탄하게 잘 풀려 행복하다가도 금방 어려운 일이 생기고 가슴 찢어지는 아픔이 찾아온다.

마태복음 14장 22-27절은, 변덕스러운 유럽 날씨 같은 인생을 단편적으로 보여주는 것 같다.

예수께서 즉시 제자들을 재촉하사 자기가 무리를 보내는 동안
에 배를 타고 앞서 건너편으로 가게 하시고 무리를 보내신 후에
기도하러 따로 산에 올라가시니라 저물매 거기 혼자 계시더니
배가 이미 육지에서 수 리나 떠나서 바람이 거스르므로 물결로
말미암아 고난을 당하더라 밤 사경에 예수께서 바다 위로 걸어
서 제자들에게 오시니 제자들이 그가 바다 위로 걸어오심을 보
고 놀라 유령이라 하며 무서워하여 소리 지르거늘 예수께서 즉
시 이르시되 안심하라 나니 두려워하지 말라 마 14:22-27

본문을 보면, 제자들은 지금 풍랑을 만나 생사를 가늠할 수 없는 어
려움 가운데 빠졌다. 그런데 그들이 이런 어려움을 겪기 전에 무슨 일
이 있었는가? 바로 오병이어 사건이 있었다. 그들은 떡을 떼어주고 떼
어주어도 떡이 줄어들지 않는 평생 잊을 수 없는 기적을 경험했다. 그
렇게 놀랍고 감격적인 시간을 보낸 지 불과 몇 시간 만에, 지금은 또 생
사를 가늠할 수 없는 죽을 고생을 하고 있는 것이다. 이것이 인생이다.

그러니 지금 하는 일마다 잘 풀리고 잘되는 사람이 있다면 너무 우
쭐거리지 않길 바란다. 언제 풍랑이 찾아오고 언제 광풍이 불어올지
모르기 때문이다.

반대로 지금 여러 어려움으로 마태복음 14장의 제자들처럼 고통 속
에서 힘들어하는 사람이 있다면, 너무 절망하지 않길 바란다. 언제 그
랬냐는 듯이 또다시 아름다운 하나님의 축복의 삶을 누리는 날이 반

드시 올 것이기 때문이다.

전도서에 다음과 같은 말씀이 있다.

> 형통한 날에는 기뻐하고 곤고한 날에는 되돌아보아라 이 두 가
> 지를 하나님이 병행하게 하사 사람이 그의 장래 일을 능히 헤아
> 려 알지 못하게 하셨느니라 전 7:14

우리는 형통한 날에는 하나님께 감사하고 기뻐해야 하며, 곤고한 날에는 왜 이런 일이 일어났는지, 이것을 통해 하나님께서 나에게 무슨 말씀을 하고 계신지를 생각해야 한다. 하나님께서는 우리에게 이 두 가지 일을 병행하게 하심으로 우리가 우리의 앞날을 능히 헤아릴 수 없게 하셨다.

풍랑을 만난 원인은 누구에게 있는가?

지금 제자들은 그들이 전혀 예측할 수 없었던 시급한 상황 가운데 빠졌다. 그런데 여기서 짚고 넘어가야 할 문제가 있다. 그것은 '이 사건의 원인 제공자가 누구인가?' 하는 것이다. 원인 제공자가 누구인가? 제자들 자신인가? 군중인가? 아니다. 바로 '예수님'이시다. 제자들이 풍랑을 만나 죽을 고생을 하고 있는데, 그 일이 일어나도록 원인을 제공하신 분이 다름 아닌 예수님이시라는 것이다. 마태복음 14장 22절 말씀을 살펴보자.

예수께서 즉시 제자들을 재촉하사 자기가 무리를 보내는 동안
에 배를 타고 앞서 건너편으로 가게 하시고 마 14:22

예수님이 제자들을 재촉하셔서 배에 오르게 한 그때는 어떤 상황이었는가? 제자들은 지금 막 오병이어의 기적을 목격했다. 군중은 흥분에 싸여 있다. 만약 예수님이 제자들을 재촉하시지 않고 가만히 내버려두었다면 그들이 그 감격의 자리를 떠났겠는가? 아마도 떠나기는커녕 그날 밤 한바탕 축제가 벌어졌을 것이다. 그날 경험했던 기적의 순간을 기억하며, 한 어린아이가 가져온 떡 다섯 개와 물고기 두 마리로 오천 명을 배불리 먹이신 예수님의 이적을 생각하며 축제의 밤을 보냈을 것이다.

그런데 무슨 이유로 예수님은 제자들이 배에 타도록 재촉하신 것일까? 즐거워하는 제자들에게 도대체 왜 "얘들아, 짐 싸라"라고 말씀하셔서 배에 타게 하신 것일까? 그러면서 예수님 자신은 왜 또 그 배에 타지 않으신 것일까?

순종했는데 왜 광풍을 만났는가?

이 부분에서 두 가지 문제를 제기할 수 있다.

첫째는 제자들이 예수님의 말씀에 순종해 배를 탔는데, 왜 광풍을 만났느냐 하는 것이다. 아마 배에 탔던 제자들의 심경은 대단히 복잡했을 것이다. 예수님에 대한 원망의 마음도 들었을 것이다.

'예수님이 배를 타라고 재촉만 안 하셨더라도 이런 풍랑을 만나 죽게 되는 일은 없었을 텐데, 왜 예수님은 배를 타라고 재촉하셔서 우리를 이 지경으로 만드신 거야?'

중요한 사실은 이런 일들이 성경 속에서만, 예수님의 제자들에게만 일어나는 일이 아니라는 점이다. 이런 일은 오늘날 예수님을 믿는 우리의 삶 속에서도 자주 일어난다.

'예수 잘 믿으면 복 받는다, 예수 잘 믿으면 형통한다, 예수 잘 믿으면 병이 낫는다'라는 설교를 많이 들어보았을 것이다. 그러나 사실 우리 주변을 보면, 예수님을 잘 믿음에도 불구하고 여러 고난과 어려움을 당하게 되는 경우가 비일비재하다.

우리가 종종 듣게 되는 간증 가운데, 요즘 같은 불경기에 주일성수를 위해 가게 문을 닫았더니 갑자기 토요일 매출이 두 배로 올랐다는 이야기가 있다. 그런데 이런 간증을 들을 때면 감동과 도전을 받는 성도도 있겠지만, 마음 속으로 피눈물을 흘리는 성도도 있다.

'나도 주일에 가게 문을 닫았지만, 나는 결국 망했는데…'

이런 생각이 들면서 자신의 어려움이 더욱 크게 다가오는 것이다.

이것이 현실적인 문제이다. 예수님을 잘 믿으면 이 땅에서 복 받고 형통하고 잘산다고 설교하지만, 현실에서 일어나는 일들을 보자면 그것은 사실이 아닌 경우가 많다. 살다보면 풍랑을 만난 제자들처럼 예수님 말씀에 순종했다가 어려움을 겪는 경우도 많기 때문이다.

예수님은 왜 풍랑을 바로 잠재우지 않으셨는가?

둘째는 제자들이 풍랑을 만났을 때 예수님의 행동이다. 예수님이 만약 실수로 제자들을 곤경에 빠트리신 거라면, 예수님은 빨리 그들을 구해주셨어야 할 것이다. 그런데 예수님이 제자들을 구하러 오신 때가 언제인지 보라.

밤 사경에 예수께서 바다 위로 걸어서 제자들에게 오시니 마 14:25

예수님은 '밤 사경에' 제자들에게 오셨다. 밤 사경은 오늘날로 말하면 새벽 3시부터 6시 사이에 해당하는 시간이다. 제자들이 언제 풍랑을 만나게 되었는지에 대해서는 학자들마다 의견이 분분하지만, "저물매 제자들이 바다에 내려가서"라는 요한복음 6장 16절 말씀에 근거해볼 때, 제자들은 해가 질 무렵에 배에 올라 탔고 풍랑은 아마도 밤 9시 전후해서 시작되지 않았을까 추측하는 견해가 있다. 만약 제자들이 밤 9시부터 풍랑을 만나 고생하기 시작했다고 가정하면, 제자들은 짧으면 6시간, 길면 9시간 동안 풍랑을 겪으며 죽을 고생을 했다는 이야기가 된다.

예수님은 왜 더 빨리 제자들에게 오지 않으셨을까? 더 의아한 것은 예수님이 그 광경을 지켜보고 계셨다는 사실이다. 마가복음 6장을 보면 예수님께서 제자들이 풍랑을 만나 힘겹게 노 젓는 것을 보셨다는 내용이 나온다. 그리고 또한 설마 예수님께서 그 광경을 보시기 전에는 제자들이 당하고 있는 고통을 모르고 계셨겠는가?

> 저물매 배는 바다 가운데 있고 예수께서는 홀로 뭍에 계시다가
> 바람이 거스르므로 제자들이 힘겹게 노 젓는 것을 보시고 밤
> 사경쯤에 바다 위로 걸어서 그들에게 오사 지나가려고 하시매
>
> 막 6:47,48

제자들은 고통 가운데 있는데 예수님이 그 모습을 바라만 보고 계셨다는 것이 이해가 되는가? 그런데 우리가 실제로 살다보면 삶 속에서 어려움을 당할 때 예수님이 방관만 하고 계신 것처럼 느껴질 때가 종종 있다.

새벽예배에 가서 보면 정말 많은 성도들이 이른 새벽부터 교회에 나와 자신의 문제를 주님 앞에 내놓으며 흐느껴 울며 간절히 기도하고 있다. 한번은 해외 이민교회 새벽예배에 나갔다가 거기서 예전에 우리 교회 성도였던 부부를 만났다. 뜻밖의 장소에서 만나 놀라움과 반가운 마음에 인사를 하려는데, 부부가 얼마나 서럽게 울면서 기도를 하는지 차마 바로 인사를 건네지 못하고 한참을 기다린 적이 있다. 이민 온 지 채 1년이 되지 않은 이들에게 얼마나 많은 아픔과 절망이 있었기에 이처럼 애절하게 기도를 하는지, 그 모습을 보면서 내 가슴도 아파왔다.

이 부부처럼 어려움을 가지고 하나님 앞에 눈물로 나아가면 하나님

께서 기다리셨다는 듯이 즉각 응답해주시면 얼마나 좋겠는가? 그러나 그런 경우는 별로 없다. 물론 때때로 즉각적이고 놀라운 방법으로 응답을 받는 분들이 있긴 하다. 그렇기 때문에 그들을 특별 간증 강사로 세우는 것이 아니겠는가?

이런 특별한 몇몇 경우를 제외하고는 대개 우리의 삶에 즉각 응답과 같은 일은 잘 일어나지 않는다. 많은 경우 아무리 새벽마다 눈물로 기도하고 저녁마다 부르짖어도 응답이 없는 것 같다. 심지어 주님이 내 기도를 외면하는 것 같다는 느낌을 지울 수 없을 때도 있다.

마태복음 14장 말씀을 묵상하면서 내게는 이 두 가지가 오랫동안 풀리지 않는 의문이었다. 왜 제자들은 예수님의 말씀에 순종해 배를 탔는데, 이토록 고생해야 했는가? 그리고 왜 예수님은 제자들의 고통을 아시면서 빨리 그들을 구해주지 않으셨는가?

이 두 가지 문제를 가지고 오랫동안 씨름을 했지만 시원한 답을 얻지 못했다. 유명한 주석이나 설교를 살펴봐도 뻔한 내용밖에 없었다. 이 의문을 해결하지 않은 채 대충 얼버무리면서 설교하기에는 용기가 나지 않았다. 왜냐하면 우리 주위에 현실적으로 이런 문제로 고통받는 분들이 한두 명이 아니기 때문이다.

관점의 차이

그런데 어느 날 묵상하는 가운데 하나님께서 나에게 단어 하나를 주셨다. 바로 '관점'이라는 단어였다. 그것이 '관점의 차이'라는 것이다. '나의 관점'을 내려놓지 않고서는 이 말씀을 해석할 수 없다는 것이다. 그래서 '관점'이라는 단어를 국어사전에서 찾아봤다.

> 관점 : 사물이나 현상을 관찰할 때, 그 사람이 보고 생각하는 태도나 방향 또는 처지.

이 '관점'을 설명하는 좋은 예(例)로 우리나라 정치계의 여당과 야당, 진보와 보수 등을 들 수 있다. 2008년 전국이 광우병으로 난리가 났다. 매일 저녁마다 광화문에서 벌어진 촛불집회로 도로가 마비되었다.

당시 우리 교회의 성도 한 분이 시사에 대한 균형 잡힌 시각을 갖기 위해 보수를 대표하는 신문과 진보를 대표하는 신문을 함께 구독했다고 한다. 그런데 아침마다 이 두 신문을 살펴보면, 전날 일어났던 광화문 촛불집회 사건에 대한 기사가 비슷한 것이 아니라 오히려 정반대였다고 한다. 한쪽에서는 전투 경찰들이 시위대를 탄압한 내용으로 도배가 되어 있고, 다른 한쪽에서는 시민들에게 구타당하는 경찰의 사진이 일면에 실려 있다는 것이다. 똑같은 사건으로 어떻게 이렇게 180도 다른 기사를 쓸 수 있는지 신기할 정도이다.

어떻게 이런 일이 가능할까? 바로 '관점의 차이' 때문이다. 사물을 보는 관점을 달리하니까 바로 어제 일어난 똑같은 사건이 이렇게 달라지는 것이다.

예수님의 관점 vs 제자들의 관점

이런 맥락에서 오늘날 신앙생활하는 우리의 모습을 살펴보면, 예수님의 관점과 우리의 관점이 얼마나 많이 다른지 알 수 있다.

예를 들어 '오병이어 사건'을 살펴보자. 군중을 바라보는 예수님의 관점과 제자들의 관점은 매우 달랐다. 오병이어 사건은 인간의 관점으로는 정말 대단한 사건이었다. 예수님은 이 이적을 통해 군중의 주목을 받기 시작하셨다. 군중 가운데는 이에 열광하며 "예수를 왕으로 삼자", "예수는 로마의 압제로부터 신음하는 이스라엘을 구원할 메시아이시다"라고 외치는 사람들도 분명 있었을 것이다. 제자들의 관점에서는 이것이야말로 정말 굉장한 일이었다.

그런데 예수님의 관점으로는 그 광경이 무척이나 위험한 상황이었다. 그래서 성경에 보면, 예수님은 제자들을 재촉하셔서 그 자리를 떠나게 하셨다. 그런 다음 제자들을 배에 태워 건너편으로 가게 하시고 예수님 자신도 그 무리와 떨어져 한적한 곳으로 가셨다.

예수께서 즉시 제자들을 재촉하사 자기가 무리를 보내는 동안에 배를 타고 앞서 건너편으로 가게 하시고 마 14:22

우리의 관점으로는 사람들이 박수 치고 열광하는 것이 인생의 성공이겠지만, 예수님의 관점으로는 그것이 매우 큰 위험이었다. 마태복음 14장 13절을 보면 오병이어 사건이 있기 바로 전 "예수께서 들으시고 배를 타고 떠나서 따로 빈들에 가시니"라고 기록되어 있다.

인간의 관점으로 빈들은 고독의 상징이요, 실패의 상징이다. 그런데 예수님은 자신에게 열광하는 수많은 무리를 떠나서 스스로 빈들로 가셨다. 왜 그러셨을까?

우리 인간은 빈들을 싫어한다. 영국의 문인 부르크가 어느 날 영국에서 미국으로 떠나게 되었는데, 부두에 도착해보니 전송하는 사람들로 북적거렸다고 한다. 그런데 정작 자신을 전송해주러 나온 사람은 단 한 명도 없는 것을 보고 부둣가에서 놀고 있는 한 꼬마에게 6실링을 주며 이렇게 부탁했다.

"애야, 배가 떠나면 나를 향해 열렬히 손을 흔들며 전송해다오."

꼬마는 부르크의 제안을 흔쾌히 받아들였고, 그를 태운 배가 떠나자 손을 좌우로 크게 흔들었다. 그런데 부르크가 이 광경을 보고 쓴 글이 매우 재미있다.

"돈 받고 흔드는 손을 보고 나는 더 고독을 느끼게 되었다."

이것이 인간의 마음이다. 자기를 전송하러 온 사람이 없으면 꼬마에게 돈을 주면서까지 전송받고 싶은 것이 인간이다. 인간의 관점에서 빈들이나 광야는 피하고 싶은 장소이다. 그러나 예수님의 관점으로는 제자들이 오병이어 기적의 분위기에 취해 있는 것보다는 광풍 속에서 연단 받는 것이 더 유익했다.

내 관점 내려놓기

나는 9년 전 분당에 교회를 개척했다. 그리고 지금은 하나님의 은혜로 많은 성도가 모이는 교회가 되었다. 그러다보니 성도들이 점점 모여드는 것이 나도 모르게 매우 기뻤다. 그래서 내가 늘 하나님 앞에서 스스로를 돌아보며 점검하는 부분이, 성도가 늘어나는 것을 보고 사람들은 성공한 목회라고 하는데, '과연 예수님의 관점으로도 이것이 성공한 목회일까?' 하는 것이다.

우리 교회를 가만히 들여다보면 성도 수가 늘어나 좋은 것은 담임목사 한 명인 것 같다. 공간은 한정되어 있는데 새신자들은 계속 몰려오니 성도들은 힘이 든다. 어디를 가나 사람들로 북적거리니 성도들 간의 친밀한 교제가 이루어지기 쉽지 않다. 이럴 때일수록 무엇이 올바른 신앙생활인지 자꾸 점검해야 한다.

신앙생활이란 무엇인가? 신앙생활은 특별한 것이 아니다. 세상 가운데 살던 우리가, 세상의 가치관에 익숙하던 우리가 내게 익숙한 가치관과 관점을 내려놓고 '예수 그리스도의 관점'으로 덧입으려고 애쓰며 몸부림치는 것, 이것이 신앙생활이다.

한국 교회 성도들의 문제가 무엇인가? 기도를 안 하는 것도 문제이지만, 더 큰 문제는 바로 기도의 내용이다. 기도가 무엇인가? 하나님 앞에 내 관점을 내려놓을 수 있는 힘과 능력을 달라고 부르짖는 것이 기도 아닌가?

"하나님, 제 생각에는 이것이 축복인 것 같습니다. 아무리 달리 생각해보려고 해도 제 눈에는 이것이 축복으로 보입니다. 그러나 하나님이 아니라고 하시면 억지로라도 이 관점을 내려놓고 하나님의 관점을 취할 수 있도록 도와주세요."

이렇게 고백하는 것이 기도이다. 지금 자신의 형편이 세상 사람들의 관점으로는 비참한 상황이지만, 주님의 관점으로는 연단의 과정이요 정금같이 자신을 빚어 가시는 하나님의 축복이라는 것이다.

그런데 우리는 이것이 납득이 안 되고 수용이 안 된다. 그렇기 때문에 우리가 기도하는 것이고 새벽마다 나와 부르짖는 것이다. 성경은 분명한 하나님의 관점을 보여주는데, 우리는 이대로 바라보지 못한다. 따라서 내가 지금 당하는 이 어려움과 고난이 변장하여 찾아오는 축복인 것을 믿는 믿음을 주시고, 그것을 수용할 수 있는 힘을 달라고 간구하는 것이 기도이다. 그것이 바로 기도이다.

하나님이 아니라 우리가 고집불통이다

성도들의 기도 내용을 가만히 들어보면, 자신의 관점을 가지고 하나님을 설득하는 경우가 많다. 새벽마다 하나님을 설득하는 것이다.

"하나님, 진짜 이러실 겁니까? 제가 지난주에 그렇게 기도드렸으면 좀 들어주셔야 되는 것 아닙니까? 도대체 왜 이렇게 황소고집을 피우십니까? 제발 생각을 좀 바꿔주세요."

이렇게 기도하고 기도 응답이 없는 것 같으면, 이제 협박에 들어간다.

"하나님, 정말 안 들어주실 거예요? 그럼 저 금식 들어갑니다. 하루 이틀이 아니라 40일입니다. 이번에는 못 당하실 거예요. 하나님의 사랑하는 자녀가 굶어 죽어 가는데, 그래도 고집을 피우시겠습니까?"

야곱이 하나님과 씨름해 축복을 받았다고 하니까 너도나도 걸핏하면 하나님과 씨름하려고 드는 것이다. 그런 사람들의 기도를 들어보면 오만불손하기 짝이 없다.

'이번에는 내가 하나님을 굴복시키고 말 거야. 하나님의 생각을 꺾어서 내 관점이 옳았다는 것을, 그래서 이 어려운 연단의 과정이고 뭐고 다 없애고 복을 안 주시고는 못 배기게 만들고 말 거야.'

만약 기도란 이렇게 하는 것이라고 오해하고 있다면, 당장 그런 기도를 멈춰야 한다. 그러면 어떤 기도가 올바른 기도인가? 기도의 최고의 본(本)은 주님이 보이셨던 기도가 아니겠는가?

나의 원대로 마시옵고 아버지의 원대로 하옵소서 마 26:39

기도를 많이 하는 사람일수록 자신의 관점이 꺾여야 한다. 세상의 관점이 모두 녹아야 한다. 그런데 어찌된 영문인지 교회에서 '기도의 용사'라는 사람 중에 고집불통인 사람이 적지 않다. 이런 사람의 고집은 누구도 꺾을 수가 없다. 우리 가운데 이런 사람이 있다면, 하루빨리 하나님 앞에 자신의 고집을 내려놓고 올바른 기도생활을 해야 한다.

우리가 할 수 있는 것이 없을 때

이제 두 번째 의문에 대해 생각해보자. 예수님은 왜 제자들을 좀 더 빨리 구해주지 않으셨을까? 왜 밤 사경이 될 때까지 미적미적하셨을까?

한 가지 질문을 던져보겠다. 풍랑을 만난 제자들의 직업이 대부분 무엇이었는가? 바로 '어부'였다. 전직 어부들인 제자들이 배를 탔는데 갑자기 먹구름이 몰려오고 바람이 세차게 불어오기 시작했다. 그들이 놀랐을까? 아마 놀라지 않았을 것이다. 그런 상황은 자신들의 삶의 일부분이었다. 바다 위에서 이런 일은 늘 있어 왔다. 바로 그 즈음에 예수님이 나타나셔서 "풍랑아, 잠잠하라"라고 말씀하시며 풍랑을 잠재우셨다면, 제자들이 어떤 반응을 보였을까? 아마 '그냥 내버려두서도 이 정도는 우리가 알아서 할 수 있는데 뭐 하러 풍랑을 잠잠하게 하셨지' 하고 생각했을 것이다.

밤 9시쯤 갑자기 바람이 불기 시작했을 때 제자들은 아마 콧방귀도 뀌지 않았을 것이다. 시간이 흐르면서 바람이 좀 세차게 불기 시작했다. 그렇게 한 30분이 지났다. 그때에도 아마 고수들은 나서지 않았을 것이다. 그중에 초보를 불러 "바람이 이렇게 불면 돛을 이 방향으로 꺾어봐라. 바람이 저렇게 불면 돛을 저 방향으로 한번 돌려봐라"라고 지시했을 것이다.

한 시간이 지났다. 그런데 배가 말을 듣지 않는다. 두 시간이 지났다. 세 시간이 지났다. 이제 제자들은 그동안 배를 타면서 자신들이 익힌 노하우와 경험과 기술을 모두 동원했다. 그러나 시간이 지나면 지

날수록 더 이상 내놓을 카드가 없었다. 바람이 더 거세지자 제자들은 불안해지기 시작했다. 무언가 심상치 않았다. 다섯 시간이 지났다. 이제는 그들이 할 수 있는 일이 아무것도 없었다. '이제 죽었구나. 우리는 여기서 끝났구나'라는 생각뿐이었다. 그때가 밤 사경이었다.

우리에게는 '영적 밤 사경'이 필요하다

물리적인 밤 사경은 밤 삼경 다음이지만, 하나님의 시간으로 영적(靈的)인 밤 사경은 시간의 순서에 따르는 것이 아니다. 그렇다면 '영적 밤 사경'이란 언제를 의미할까? 우리의 삶 가운데 언제가 밤 사경일까? 자신의 기술과 노하우, 자신이 가진 어떤 것으로도 내게 주어진 어려운 환경을 절대 이겨낼 수 없다고 두 손 두 발 다 드는 순간, 바로 그때가 밤 사경이다.

예수님께서 언덕 위에서 풍랑을 겪고 있는 제자들을 바라보고 계셨던 이유는, 그들을 약 올리기 위함이 아니었다. 예수님은 밤 사경을 기다리신 것이다. 이렇게 생각하시면서 말이다.

'너희들 힘으로 한번 해보아라. 너희들의 노하우와 기술과 지식, 너희가 가진 모든 것을 다 동원해보아라. 아마 안 될 것이다.'

내가 신앙생활을 하면서 머릿속에 담아두고 자주 묵상하는 단어가 몇 개 있는데, 그중에 하나가 '밤 사경'이다.

나는 청소년 전문 사역자였다. 10년 동안 청소년 사역을 하면서 자살을 결심한 아이들의 마음을 돌리기도 여러 번이었다. 한번은 수면제 30알을 들고 집회에 참석한 아이가 집회 후 그 수면제를 쓰레기통에 집어던지고는 내게 감사 편지를 보낸 적도 있었다. 많은 사람들이 나를 보고 "목사님은 정말 좋으시겠습니다. 청소년 전문 사역자시니 자녀 교육이 얼마나 쉽고 탁월하겠습니까?"라고 말했다.

사실은 나도 내가 그럴 줄 알았다. 그런데 우리 큰아이가 사춘기가 되었을 때, '그것이 아니구나'란 사실을 뼈저리게 느꼈다. 세상의 모든 사춘기 아이들은 다 도와줄 수 있어도 내 아이는 마음대로 되지 않는 것이다. 너무 당황스러웠다. 때마다 청소년 사역 시절 가르쳤던 제자들이 찾아와서 "목사님, 그때 목사님과 나누었던 두 시간 동안의 대화를 통해 제 인생이 달라졌어요", "목사님이 아니었다면, 지금 다니고 있는 대학교는 꿈도 못 꾸었을 거예요"라고 하며 고마움을 표하는데, 정작 내 아이는 내가 이야기 좀 하자고 부르면 무조건 톡 쏘는 것이다.

"하여튼 아빠 잔소리 때문에 내가 미치겠어요."

아이는 점점 통제권 밖으로 벗어나는데, 난감하지 않을 수 없었다.

그때 내가 깨달은 것이 무엇인지 아는가? 10년 동안 수많은 청소년들에게 영향을 미칠 수 있었던 것은 나의 힘과 능력이 아니라 하나님께서 그 아이들을 사랑하시기 때문에 나를 마른 막대기처럼 사용하신 것이라는 사실이다. 그것을 깨닫고 나니 스스로가 비참했다. 청소년 사역과 관련된 책을 4권이나 썼는데, 수백 교회를 돌아다니며 첫째, 둘째를 꼽아가며 "자녀교육은 이렇게 하십시오"라고 강의하고 다녔는데, 이 모든 것이 우리 아이한테는 통하지 않는 것이다. 그래서 하나님 앞에 납작 엎드렸다. 온전히 하나님의 은혜만을 구했다.

"안 됩니다. 하나님, 우리 아이는 안 됩니다. 제가 할 수 없습니다."

그 다음부터는 아이에게 잔소리도 안 하고, 설득도 안 했다. 해봤자 통하지도 않기 때문이다. '나는 나대로 살고, 너는 너대로 살아라. 대신에 나는 너를 위해 하나님께 기도하겠다' 라는 심정이었다. 그런데 희한한 일이 벌어졌다. 아이가 달라진 것이다. 목소리가 돌아오고, 태도가 달라지고, 완전히 다른 아이가 되어서 왔다.

내가 이 과정을 거치면서 뼈저리게 느낀 것은 사람에게는 '밤 사경'이 필요하다는 사실이다. 청소년 사역자라는 타이틀을 가지고 '나는 청소년 전문가이기 때문에 자녀교육은 문제없어'라고 생각했던 나에게 유난히 힘든 자녀의 사춘기를 경험하게 하시는 하나님의 의도, 이것이 풍랑을 만난 제자들과 동일한 상황이었다.

내 힘으로는 안 된다며 하나님 앞에 납작 엎드릴 때, 10년간의 노하우가 내 아이를 살릴 수 없다고 고백할 때, 그때가 바로 밤 사경이다. 그때부터 하나님이 일하기 시작하신다. 아이에게 좋은 선생님을 붙여주시기도 하고, 정말 놀라운 방법으로 아이를 만져주셨다.

지금 어렵고 힘든 일이 있는가? 마음 가운데 고통과 상처가 있는가? 나는 물리적인 밤 사경은 일정한 때를 기다려야 오지만, 영적인 밤 사경은 오늘 밤이라도 당장 올 수 있다고 믿는다. 하나님을 의지하고 하나님 앞에 모든 것을 내려놓는다면, 우리 인생에 놀라운 일이 일어날 것이다.

순종하면 예수님의 능력을 경험할 수 있다

지금 우리가 다루고 있는 마태복음 14장 말씀을 더 깊이 살펴보면, 우리가 예수님 말씀에 순종하다가 고통당할 때 그것이 왜 축복인지를 알 수 있다.

첫째, 우리는 순종하다가 당하는 고통을 통해 예수님의 능력을 경험한다. 예수님의 능력을 경험하는 것이 우리에게 축복이다. 제자들은 지금 예수님의 말씀에 순종했다가 풍랑을 만나는 고통을 당하고 있다. 성경에는 없는 이야기이지만 다음과 같은 상황을 상상해보자.

만약 오병이어의 기적으로 기뻐하던 열두 명의 제자들 중 예수님께서 "이제 배를 타고 가라"라고 말씀하셨을 때, 열 명의 제자는 그 말씀에 순종했지만 두 명의 제자는 불순종했다고 가정해보자.

"예수님, 싫습니다. 저는 지금 이곳이 좋습니다. 따라서 배에 타지 않겠습니다."

그래서 열 명의 제자들만 배를 탔는데 거친 풍랑을 만났다면, 당시 그들의 마음이 어떠했겠는가?

'아, 불순종한 두 명의 제자들이 부럽다. 괜히 순종했다가 이 고생을 하고 있으니, 불순종하는 것이 순종하는 것보다 낫구나.'

이렇게 생각하지 않았을까? 그런데 여기서 다시 한번 생각해보기 바란다. 열 명의 제자들은 순종 때문에 풍랑을 만나 고통을 겪었다. 그리고 두 명의 제자는 불순종함으로 그 고통을 피할 수 있었다. 그러나 이 두 명은 결정적으로 무엇을 경험할 수 없었는가? 바로 풍랑을 잠잠하게 하시는 예수 그리스도의 능력이다. 열 명의 제자들은 순종했기 때문에 어려움을 겪었지만, 그렇기 때문에 풍랑을 잠잠하게 하시는 살아 계신 하나님의 아들 예수 그리스도의 능력을 경험할 수 있었다.

교회 안에도 이 두 명에 해당하는 사람들이 있다. 그런데 가만히 보면 그들이 더 잘사는 것 같다. 주일성수 안 하고, 십일조 안 내고, 제멋대로 사는 사람들이 더 잘사는 것처럼 보인다. 오히려 예수님 잘 믿고 교회생활 잘하는 사람들이 경제적인 어려움과 육체적인 고통을 당하는 경우가 많아 보인다.

그러나 아무런 순종 없이 신앙생활하는 사람들은 편하게 교회는 왔다 갔다 할 수 있을지는 몰라도, 살아 계신 하나님의 능력은 경험할 수 없다. 그러니 무슨 재미로 교회를 열심히 다니겠는가?

하나님께서 고치시는 기적

우리 교회에 다니는 한 여 집사님은 결혼 전 신앙생활을 열심히 했는데, 불신결혼을 했다. 불신 정도가 아니라 독실한 불교 집안으로 시집을 가 얼마나 심한 핍박을 받았는지 모른다. 그래도 귀한 것은 그 핍박 속에서 그 분이 신앙을 잘 지키고 남편을 전도하기 시작한 것이다.

그런데 문제가 생겼다. 남편이 아내의 간청에 마지못해 교회에 따라 나갔는데, 하필이면 그 교회가 분쟁이 있던 교회였다. 교회 안에서 법정 고소가 오가며 예배 시간에 경찰이 오는 모습을 본 남편이 교회라면 고개를 흔들게 되었다. 아내인 그 집사님에게 "한번만 더 교회에 가자고 해보라" 하고는 냉정하게 돌아섰다.

그 후 이 가정이 이사를 해 분당우리교회로 옮기고 등록을 했는데, 가정 심방도 받지 못할 정도로 집안 분위기는 살벌해져 있었다. 그런데 하나님께서 하시는 일이 참으로 신기하다. 그 가정에 고등학교 3학년 딸아이가 한 명 있는데, 어느 날부터 자꾸 시름시름 아픈 것이다. 그래서 아이를 데리고 병원에 갔더니 청천벽력 같게도 암 3기 진단을 받았다. 아프던 아이가 나아도 가족들이 예수님을 믿을까 말까인데, 상황이 더 악화된 것이다. 수능시험을 앞두고 계속 병원에 다니며 항암치료를 받았지만 증세가 나아지지 않았다. 급기야는 그해 말, 아이의 병을 더 이상 고칠 수 없다는 사형선고까지 내려졌다.

그런데 때때로 하나님께서 주시는 확신이 있다. 병원에서 사형선고가 내려지는 순간 이 어머니의 마음속에 '이제는 하나님이 고치신다' 하는 확신이 들었다고 한다. 그러고는 금요기도회에 나오기 시작했다.

그 무렵, 내가 금요기도회를 인도하는데 이상한 일이 벌어졌다. 당시 나는 그 아이의 투병에 대해서도, 그 집사님이 금요기도회에 무슨 이유로 나오는지에 대해서도 전혀 모르고 있었다. 기도회를 인도하는데, 기도회를 마칠 무렵 참석한 성도들에게 평소에 안 하던 요청을 했다.

"아픈 사람은 자리에서 일어나세요."

뒷감당을 어떻게 하려고 아픈 사람을 자리에서 일으키는지 나도 알 수 없었다. 그러고는 아픈 부위에 손을 얹고 합심하여 치유를 위해 기도하자고 인도했다. 근래에 분당우리교회에서 그렇게 뜨겁게 기도한 것은 처음인 것 같았다. 평소에는 조근조근 기도하던 분들도 그날은 천장이 뚫릴 듯이 "아버지!"를 외쳤다.

나는 장로회 고신 교회에서 '오직 성경'을 강조하는 분위기 속에서 자랐다. 내가 속한 교단에서는 방언이나 예언, 신유 등의 은사에 대해 과신(過信)하는 것을 경계했다. 그래서 나는 금요기도회를 인도할 때도 신유 은사를 통한 안수기도는 하지 않았다. 그런데 그날 흥미로운 일이 일어났다. 기도가 뜨겁게 터지더니 내 평생 처음으로 공개적인 장소에서 귀신을 쫓아내는 기도를 해보았다.

"나사렛 예수 그리스도의 이름으로 명하노니 사랑하는 성도들을 괴롭히는 악한 병마는 떠나갈지어다!"

성도들이 어쩌나 크게 "아멘" 하고 외치는지 나도 깜짝 놀랄 정도였다. 그렇게 기도회를 마치고 집으로 돌아오면서 '내가 왜 그랬을까?' 하는 생각이 들었다.

그 다음 주일이 되었다. 그런데 또 내가 예정에도 없이 아픈 사람들을 다 일으켜 기도하는 시간을 가졌다. 이런 치유기도회가 몇 달 동안 계속되었다. 바로 이 집사님이 그 기도회에 참석한 것이다.

기적이 일어나다!

한 3개월이 지났을 무렵, 그 집사님은 딸아이를 병원에 데리고 가 정밀검사를 받게 했다. 그런데 놀라운 일이 일어났다. 증세가 호전을 보인 것이다. 그 무서운 암 덩어리들이 줄어들기 시작하더니 나중에는 아예 싹 없어졌다.

자녀의 암이 나았다는 기쁜 소식을 전해 듣고 그 집사님에게 전화를 했더니, 집사님이 우시면서 그간의 이야기를 전하는데 내가 더 깜짝 놀랐다. 그 집사님이 내가 그동안 한 설교를 다 꿰고 있는 것이다.

"목사님이 '다윗과 골리앗'을 주제로 설교하실 때, 제가 그 말씀에 의지해 기도했더니 하나님께서 정말로 그대로 응답해주셨어요. 또 그 다음 주에는 그 날 주신 말씀을 붙들고 계속 기도했더니 딸아이의 건강이 호전되었어요!"

그런데 내가 얼마나 믿음이 없는지 모른다. 그 집사님의 이야기를 설교시간에 인용하려고 하니 병이 재발될 것이 염려스러웠다. 설교를 한 다음 몇 달 뒤에 "그 아이의 병이 재발했다더라" 하는 이야기가 나오기라도 할까 봐 염려스러웠던 것이다. 그래서 몇 달이 더 흐른 뒤 재발이 안 되었다는 이야기를 전해 듣고서야 설교시간에 이 은혜로운 간증을 인용했다. 정말 믿음 없는 목사가 아닐 수 없다.

예수님의 능력을 경험하지 못하는 신앙

그런데 그 간증을 인용한 그 주에, 예수님을 믿는다는 모 종합병원 의사에게 한 통의 이메일을 받았다. 내용의 요지는 '나처럼 설교하는 목회자들 때문에 치료 시기를 놓쳐 어려움을 겪는 환자가 한둘이 아니다' 라는 것이었다. 즉, 병이 있으면 병원에 가서 치료를 받아야 한다는 것이다. 그러면서 자신은 기도만 해서 병이 나은 것을 한 번도 본 적이 없다고 했다.

물론 이 의사의 말에도 일리가 있다. 어떤 분들은 몸이 아프면 약도 끊고, 병원도 끊고 무조건 기도로 고쳐야 된다고 생각하는데, 그것은 잘못이다. 두통이 오면 아스피린 두 알만 먹으면 해결된다. 그런데 머리에 안수하면서 "주여, 고쳐주시옵소서" 하고 부르짖기만 해서는 오히려 머리가 더 깨질 듯이 아플 수 있다. 약도, 의사도 하나님께서 쓰시는 하나님의 도구가 될 수 있기 때문이다.

나는 곰곰이 생각한 끝에 그 의사에게 다음과 같은 회신을 보냈다.

"당신이 보내준 메시지를 겸손히 받아들이겠습니다. 제가 '기도만 하면 모든 병을 다 고칠 수 있다'라는 식으로 설교하지 않도록 하나님께서 당신을 통해 균형을 잡도록 해주시는 것 같습니다.
그러나 선생님, 예수님을 믿는 의사라고 하면서 한 번도 기도로 병을 고친 것을 본 적이 없음을 자랑으로 생각하지 마십시오. 정말 한 번도 본 적이 없으십니까? 제가 한 아이를 소개해드리겠습니다."

말씀에 순종하지 않으면 인생의 풍랑도 없고 물질적으로 더 풍족하게 잘살지도 모른다. 그러나 그럴 경우 광풍을 잠잠하게 하시는 하나님의 능력도 경험할 수 없다.

나는 예수님을 믿는다고 하면서 한 번도 이런 하나님의 은혜를 경험해본 적이 없는 사람들이 안타깝다. 예배의 감격을 한 번도 느껴본 적이 없는 사람들, 교회에 나와 설교 전에 잠들어 축도하면 깨는 사람들, 그럼에도 불구하고 주일이면 어김없이 또 교회에 오는 사람들의 인내가 대단하면서도 가엾다.

순종 없이 풍랑을 피하는 것만을 자랑하는 그리스도인이 아니라 광풍을 잠잠하게 하시는 예수님의 능력을 경험하는 은혜를 아는 그리스도인이 되길 바란다. 진짜 축복은 광풍을 만나지 않는 것에 있는 것이 아니라 하나님의 능력을 아는 데 있기 때문이다.

그 아이에게 암이라는 무서운 광풍이 없었다면, 기도를 통해 병을 고치시는 하나님의 능력도 경험할 수 없었을 것이다. 그 아이의 인생은 암을 고침 받고 완전히 달라졌다. 그 아이는 지금 자신처럼 어려움을 겪는 사람들에게 희망을 주고자 하는 사명을 품고 하루하루를 충실히 살아가고 있다.

순종하면 예수님의 위로하심을 경험할 수 있다

둘째, 순종하다 고난을 만났을 때 예수님의 깊은 위로하심을 경험할 수 있다. 예수님의 위로가 우리에게 축복이다.

마태복음 14장을 묵상하다가 중요한 점 한 가지를 발견했다. 예수님이 문제를 겪고 있는 제자들에게 가서서 문제를 해결해주시기 전에 먼저 그들을 위로하셨다는 사실이다.

안심하라 나니 두려워하지 말라 마 14:27

풍랑을 잠잠하게 하시기 전 광풍의 움직임에 전혀 변화가 없을 때, 이와 같은 예수님의 위로가 먼저 있었다. 우리의 삶 가운데도 풍랑이 있고, 고통이 있고, 어려움이 있다. 그런 힘든 상황은 달라지지 않더라도 우리 영혼에 스미는 주님의 위로하심은 언제나 있다. 그것을 붙들기 바란다.

그런데 여기서 질문이 하나 있다. 우리가 이 땅을 살아가면서 겪는 크고 작은 고통 가운데, 그것이 고통으로 변장하고 찾아오는 하나님의 연단이자 축복인지, 아니면 세상 말로 뒤로 자빠져도 코가 깨진다고 그저 재수가 없어서 생긴 일인지 어떻게 구분할 수 있을까? 정답은 간단하다. 주님의 위로하심이 있다면, 그것은 변장하고 찾아온 하나님의 축복이다.

OM 국제선교회 소속의 볼레타 스틸 크럼리(Valetta Steel Crumley) 선교사님은 정말 신실한 분으로, 남편이 목회를 하셨다. 이 가정이 얼마나 하나님과 하나님의 말씀을 사랑했는지 모른다. 그런데 이들에게 상상할 수 없는 불행이 닥쳤다. 이 가정에 아이가 세 명 있었는데, 모두 죽고 만 것이다. 첫째 아이는 네 살 때 백혈병으로 죽었고, 둘째 아이와 셋째 아이는 둘째가 열여덟 살, 셋째가 열여섯 살 되던 해에 함께 차를 타고 가다가 사고를 당해 모두 죽었다. 자녀를 키우는 부모 입장에서 이보다 더 큰 고통이 어디 있을까?

그런데 이것이 전부가 아니다. 그토록 신실하게 주님을 섬기던 목사이자 선교사이던 남편이 임파선 호지킨(Hodgkin's Lymphoma)이란 병을 앓다 세상을 떠났다. 어지간한 사람 같으면 하나님을 원망하며 믿음을 잃고 떠나버렸을 텐데, 정말 대단하게도 그녀는 하나님을 섬기기 위해 혈혈단신으로 대만 선교사로 떠난다.

그런데 이것이 어찌 된 일인가? 그녀에게 또 불행이 찾아왔다. 쉰일곱 살이 되던 해에 대만에서 흉악범에게 성추행을 당했다. 여자로서 겪을 수 있는 모든 아픔과 수치를 겪은 그녀는 놀랍게도 그 감추고 싶은 이야기를 온 세상에 글로 드러냈다.

그래서 한번은 이렇게 물었다.

"선교사님, 왜 선교사님은 여자로서 수치스러울 수 있는 일들까지도 그렇게 모든 사람에게 이야기하고 다닙니까?"

그랬더니 이분이 뭐라고 말하는지 아는가? 자신이 겪은 그 고통과 환난을 통해서 정말 중요한 한 가지 진리를 깨달았다는 것이다. 다음은 그 분이 직접 쓴 글이다.

"나는 하나님의 말씀에서 위로의 능력을 체험했습니다. 죽어가는 아들을 품에 안고 몸부림치던 밤에도 하나님은 말씀의 능력으로 나를 찾아오셨습니다. 남편이 숨 한 번 들이마시기 위해 죽을힘을 다해야 했던 그 밤에도 하나님은 내게 찾아와 말씀해주셨습니다. 그리고 놀랍게도 그분의 말씀이 나의 비통함을 치유해주시는 것을 볼 수 있었습니다.

환난을 당하고 나니 평소 건강할 때 상투적으로 들리던 성경 말씀 하나하나가 결코 거짓이 아니고 진리임을 알게 되었습니다. 흑암을 비추는 빛이었습니다. 마른 입술을 적시는 생수였습니다. 연약한 저의 손에 들려주시는 지팡이였습니다. 하나님은 환난당한 나에게 말씀으로 응답하셨습니다. 남편과 자녀를 데려가시고 다시 돌려주지는 않으셨지만, 말씀을 통해서 놀라운 은혜를 깨닫게 해주셨습니다."

그녀는 고통 속에서 하나님의 은혜를 경험하고 나니 관점이 바뀌었다고 말한다. 사랑하는 남편과 자녀들은 하늘나라에 갔으니 그들에게는 그 이상 바랄 것이 없었고, 이 땅에 남아 있는 자신은 하나님의 상상할 수 없는 위로하심을 경험했으니 모든 것이 기뻤다고 한다. 그래서 이런 기쁨을 혼자만 알고 있을 수 없어 수많은 사람들에게 고백한다는 것이다. 이해가 되는가? 이는 관점을 바꾸지 않고는 절대 이해할 수 없는 일이다.

주님의 위로가 우리를 가치 있게 한다

이지선 자매의 이야기는 많은 사람들이 알 것이다. 대학교 4학년, 한창 예쁜 나이에 오빠의 차로 귀가하던 중 음주운전자가 낸 7중 추돌사고로 전신 55퍼센트에 3도의 중화상을 입었다. 구사일생으로 살아난 지선 자매가 병원에서 의식을 찾은 후 자신을 구해준 오빠에게 내뱉은 첫마디의 말이 오빠뿐 아니라 많은 사람들의 가슴을 아프게 했다.

"이렇게 하고 어떻게 살아. 오빠 날 왜 살려줬어."

그런데 놀라운 일이 일어났다. 수십 차례의 이식수술과 손가락 열마디 중 아홉 마디를 잘라내는 과정 속에서 지선 자매가 하나님의 은혜를 경험한 것이다. 하나님의 위로를 경험한 것이다.

고통 가운데 하나님의 은혜와 위로를 겪은 지선 자매를 통해 많은 영혼들이 살아났다. 그녀는 인기 다큐 프로그램인 '인간극장'에 출연해 수많은 사람들에게 감동과 희망을 안겨주었고, 그녀의 개인 홈페이지는 하루에도 수천 명 이상의 사람들이 찾는 곳이 되었다. 그곳에 쏟아지는 대부분의 글은 자살충동을 느끼던 청소년이 그녀를 통해 살아갈 용기를 찾은 이야기, 자신에게 주어진 삶의 무게에 힘들어하던 사람이 그녀를 통해 희망을 발견했다는 이야기 등 인생의 희망과 소망을 되찾은 이야기이다.

또한 많은 사람들이 화상 입은 얼굴로 그토록 아름다운 표정을 지을 수 있는 그녀의 비밀, 그 평안의 근원에 대해 관심을 두기 시작했다. 그들은 그녀의 모습을 보면서 예수 그리스도를 발견한다. 하나님을 부인하던 사람들이 그녀를 통해 하나님을 알아간다.

지선 자매는 자신의 삶이 이토록 가치 있게 변했으므로 비록 과거의 얼굴은 잃었지만 자신의 인생에 손해는 아니라고 고백한다. 이것이 뜻하는 바가 무엇인가? 절망적인 상황 속에서 하나님의 위로하심을 경험하고 나니 인생의 가치가 달라졌다는 의미이다.

내 모든 형편을 다 아시는 하나님의 관점

나의 아버지는 고신 교단에서 목회하시던 목사님으로 정말 경건하신 분이었다. 그리고 교회를 전심으로 사랑하셨다. 조그만 개척교회의 담임목사였는데, 교회를 위해 40일 동안 금식기도를 하시다가 그만 17일째 되던 날 하나님의 부르심을 받고 세상을 떠나셨다.

당시 나는 하나님을 이해할 수 없었다. 교회를 위해 금식하며 기도하는데, 교회를 불같이 일으켜 세워주지는 않으시고 그 담임목사를 데려가시면 어떻게 하자는 것인지 하나님이 원망스러웠다. 하지만 내가 당시 가장 이해하기 힘들었던 분은 하나님도, 아버지도 아닌 바로 우리 어머니였다. 목사인 남편이 그토록 싸늘한 시신이 되어 돌아왔는데, 보통 사람 같으면 '목사'라는 직분에 대해 회의감이 들지 않겠는가? 그런데 어머니는 어릴 때부터 자꾸 나에게 "네가 커서 목사가 되어야 한다"라고 말씀하시곤 했다.

"너희 아버지는 교회를 정말 사랑하셔서 교회를 위해 금식기도 하시는 중에 돌아가셨단다. 하나님께서 너무 빨리 부르셔서 미처 열매를 거두지 못하셨지. 그러니 자식인 네가 아버지의 뒤를 이어서 열매를 거두어야 한다."

막내인 나에게 아버지 뒤를 이어 목사가 되라고 하시는 어머니의 말이 견딜 수 없이 싫었다. 어머니는 겉으로 온순하고 착한 내가 목사감이라고 생각하셨던 것 같다. 속은 바리새인과 같았는데 말이다.

몇 년 전, 미국집회를 마치고 어머니가 계시는 시카고에 들렀다가 어머니로부터 놀라운 이야기를 들었다. 젊은 시절 예수님을 영접한 어머니는 예수님을 영접한 이후로 단 한 번도 하나님을 원망해본 적이 없다는 것이다. 그 이야기를 듣는데, 내 머릿속으로 지난날에 대한 필름이 빠르게 지나갔다. 그러면서 아버지가 40일 금식기도를 하러 가셨다가 싸늘한 시신이 되어 돌아오셨던 그 밤이 생각났다. 우리의 관점으로는 도저히 이해할 수 없었던 그날에도 어머니는 하나님을 원망하지 않았다는 것이다.

이 사실이 믿어지는가? 그러나 막내아들을 앉혀놓고 안 해도 되는 거짓말을 하는 노모는 없다. 우리 어머니가 이상한 분일까? 생각도 없고, 감정도 없고, 남편이 죽든지 말든지 상관없는 분일까?

어머니의 관점과 하나님의 관점이 충돌하는 그날 밤을 상상해보자. 남편의 금식기도를 통해 교회가 불같이 일어날 것이라 믿었던 어머니의 관점과 그런 남편을 데려가신 하나님의 관점이 충돌했을 때, 얼마나 큰 투쟁이 있었겠는가? 얼마나 싸웠겠는가? 하나님을 원망하고 싶은 마음이 본능처럼 일어나는 그날 밤, 우리 어머니는 자신의 본능과 얼마나 집요하게 싸웠겠는가?

끈질긴 어머니의 기도로 서른 살 때 내가 목회의 길로 들어섰다. 그리고 기도만 하고 미처 열매를 거두지 못하고 돌아가신 아버지의 기도의 열매를, 교회를 향한 그 기도의 열매를 자식인 내가 지금 말도 안 되는 놀라운 방법으로, 이유를 설명할 수 없는 신비한 방법으로 거두고 있는 것이다. 우리 어머니가 어린 나를 무릎에 앉혀놓고 눈물로 부르던 찬양이 하나 있다.

아 하나님의 은혜로 이 쓸데없는 자
왜 구속하여 주는지 난 알 수 없도다.
내가 믿고 또 의지함은 내 모든 형편 아시는 주님
늘 보호해주실 것을 나는 확실히 아네.

아 하나님의 은혜로(새찬송가 310장)

풍랑은 잠잠하지 않았다. 아버지가 돌아가시고 사택을 비워줘야 하는 상황에서 우리 가정은 길거리로 나앉았다. 죽을 고생을 해야 할 만큼 풍랑은 여전히 거세게 일었다. 하지만 자신의 모든 형편을 잘 아시는 주님이 늘 돌보실 것을 확실히 아는 그 어머니의 믿음이 오늘의 나를 있게 만들었다. 다른 사람들이 봤을 때 분당우리교회의 부흥은 도대체 분석이 나오지 않는다. 그러나 나는 그 답을 알고 있다.

우리는 우리의 관점을 하나님의 관점 앞에 굴복시켜야 한다. 나의 관점을 내려놓지 않고서는 이 땅에서 일어나는 수많은 일들을 이해할 수 없다. 퍼즐 조각을 맞추듯이 오랜 시간이 지나고 돌아보면 하나님께서 모두 옳으시다는 것을 인정하지 않을 수 없다.

chapter 02

안주하는 곳에서 뛰어내릴 때
기적을 경험할 수 있다

베드로가 대답하여 이르되 주여 만일 주님이시거
든 나를 명하사 물 위로 오라 하소서 하니 오라 하
시니 베드로가 배에서 내려 물 위로 걸어서 예수께
로 가되 바람을 보고 무서워 빠져 가는지라 소리 질
러 이르되 주여 나를 구원하소서 하니 예수께서 즉
시 손을 내밀어 그를 붙잡으시며 이르시되 믿음이
작은 자여 왜 의심하였느냐 하시고 배에 함께 오르
매 바람이 그치는지라 배에 있는 사람들이 예수께
절하며 이르되 진실로 하나님의 아들이로소이다
하더라

마 14:28-33

서울 강남세브란스병원 이희대 교수님은 유방암 분야에서 우리나라 최고 권위자 중 한 명이다. 얼마나 유명한지 암 수술만 일 년에 600여 건이었다고 한다. 일 년에 그만큼 수술하려면 공휴일과 주일을 제외하고 하루에 암 수술을 2건 내지 3건씩 해야 가능하다.

그런데 이렇게 유명한 암 전문 의사인 이희대 교수 자신이 암에 걸렸다. 현재 그는 대장암 4기로 대수술을 3번이나 받았지만, 암세포가 간과 뼈에까지 전이되어 의사도 결국 포기하고 말았다.

그런데 놀라운 것은 이 교수님의 반응이다. 대부분의 사람들은 이런 상황에 처하면 좌절하고, 낙심하고, 안절부절못할 텐데 이 교수님은 아무 일도 없는 것처럼 병원에 출근해 환자들을 돌보고 있다.

하루는 이런 모습을 눈여겨본 한 기자가 이 교수님을 찾아와 이렇게 물었다.

"아니 교수님, 대장암 4기면 굉장히 심각한 병인데, 어떻게 아무 일도 없는 것처럼 그렇게 평상시와 다름없이 병원으로 출근하고 일을 하십니까?"

그랬더니 이분이 참 놀라운 말씀을 하셨다.

"이미 암에 걸린 것을 어떻게 합니까? 그래서 저는 암을 친구 삼아 토닥토닥 달래가면서 암과 동행하며 살아갑니다."

고난에 대처하는 그리스도인의 자세

이희대 교수님의 인터뷰를 보면서, '예수 믿는 사람'에 대해 생각해 봤다. 예수 믿는 사람의 특징이 무엇일까? 담배 피우지 않고 술 마시지 않는 것일까? 사실 교회 다니는 사람 중에도 담배 피우고 술 마시는 사람들이 적지 않다. 그러면 주일에 교회에 나가는 것일까? 아니면 식사하기 전 잠시 하는 식사기도일까?

예수 믿는 사람과 믿지 않는 사람은 평상시에는 구분이 잘 안 될 수도 있다. 그러다가 어려운 일을 당하거나 결정적인 문제가 발생했을 때, 그에 대처하는 태도가 그 사람이 누구인지를 말해준다.

우리 교회 성도 가운데 아들이 암에 걸린 가정이 있었다. 그 소식을 듣고 꼭 내 조카가 암에 걸린 것처럼 가슴이 아팠는데, 그 가정이 투병

생활을 이겨내는 모습이 큰 은혜로 다가왔다. 부모와 아들이 흔들리지 않고 각자 자리에서 자신의 역할을 묵묵히 참 잘 감당하는 것이다. 그 부모를 만나보면 표정이나 대화가 평소와 다름없다. 그저 아이의 투병생활을 도와주며 자신의 삶에 충실한 모습이다. 아이는 그 과정을 통해 하나님의 은혜로 얼마나 잘 성장해나가는지, 결국에는 씩씩하게 암을 잘 이겨내고 미국 아이비리그에 있는 학교에 입학했다.

살다보면 갑자기 집안 살림이 어려워지거나 자녀가 속을 썩이거나 건강이 악화되기도 하고 이유 없이 나를 괴롭히는 사람을 만나기도 한다. 피할 수 없다면 이희대 교수님처럼 "이미 암에 걸렸는데 어떻게 합니까? 못된 친구 한 명이 내게 찾아왔다 생각하고 달래가며 지내야지요"라고 말할 수 있는 그리스도인이 되기를 바란다.

"피할 수 없다면 즐겨라"라는 말이 있듯이, 경제가 어려울 때마다 "죽겠다, 못 살겠다"라고 하지 말고 인생의 마지막 때에 "되돌아보니 나를 가장 위태롭게 했던 그 사건, 즉 위기가 내게 가장 큰 은인이었다"라고 고백하는 인생이 되길 바란다.

모험하는 인생

베드로가 대답하여 이르되 주여 만일 주님이시거든 나를 명하사 물 위로 오라 하소서 하니 오라 하시니 베드로가 배에서 내려 물 위로 걸어서 예수께로 가되 바람을 보고 무서워 빠져 가

는지라 소리 질러 이르되 주여 나를 구원하소서 하니 예수께서
즉시 손을 내밀어 그를 붙잡으시며 이르시되 믿음이 작은 자여
왜 의심하였느냐 하시고 배에 함께 오르매 바람이 그치는지라
배에 있는 사람들이 예수께 절하며 이르되 진실로 하나님의 아
들이로소이다 하더라 마 14:28-33

지금 어떤 상황인가? 제자들이 탄 배가 거친 풍랑을 만났는데, 예수
님이 바로 오지 않으셨다가 밤 사경쯤 바다 위로 걸어오셨다. 그런데
이 모습을 본 제자들은 너무 놀라 "유령이다"라고 외친다. 그때 베드
로만이 "만일 주님이시거든 나를 명하사 물 위로 오라 하소서"라고
말한다. 그래서 우리 모두가 아는 바와 같이 베드로가 물 위를 걷는 기
적을 경험한다.

이 본문을 통해 예수님이 원하시는 '도전적 신앙'이란 무엇인지 살
펴볼 수 있다.

첫째, 도전적 신앙이란 모험하는 인생이다. 기왕 피할 수 없는 고통
가운데 사는 것이 우리의 인생이라면, 오늘은 이 문제 내일은 저 문제
로 날마다 비명이나 지르면서 살 수는 없지 않은가? 앞서 이야기한 것
처럼 피할 수 없다면 즐기는 지혜가 필요하다. 그렇다면 "피할 수 없
다면 즐겨라"라는 말의 의미는 무엇일까?

스위스의 유명한 내과 의사이자 정신 의학자인 폴 투르니에(Paul
Trurnier, 1898~1986년)가 《모험으로 사는 인생》이라는 주옥같은 책을 썼

다. 이 책에서 그가 주장하는 것은, 하나님께서 인간을 창조하실 때 인간에게 '모험 정신'을 부여해주셨다는 것이다. 어떤 사람은 모험가적 기질이 있고 어떤 사람은 없는 것이 아니라, 하나님께서 우리 모두에게 모험 정신을 주셨다는 것이다. 또한 성경에는 우리가 모험하기를 원하시는 하나님의 마음이 곳곳에 배여 있다고 한다.

예를 들어, 구약시대의 이스라엘 백성을 살펴보자. 이스라엘 백성은 400여 년 동안 애굽에서 노예 생활을 했다. 한번 그들의 입장에서 생각해보자. 그들은 태어나자마자 신분이 노예로 결정된다. 따라서 그들이 선택할 수 있는 길은 딱 두 가지이다. 첫 번째는 노예 생활에 순응하여 벽돌이나 나르며 비굴하게 사는 것이고, 두 번째는 현실에 저항하고 반항하는 것이다.

그런데 하나님께서는 그들에게 놀라운 말씀을 하신다. 현실에 굴복하지도 말고 그렇다고 또한 반항하지도 말라는 것이다. 하나님께서는 제3의 대안, 즉 모험을 하라고 말씀하신다. 그 모험이 무엇을 의미하는가? 바로 '홍해를 건너는 것'이다. 그 누구도 생각하지 못했던 일을 하나님께서는 모세에게 명하신다. 모세의 입장에서 이것이 얼마나 큰 모험이었겠는가? 아무런 준비도 되어 있지 않은데 그 많은 이스라엘 백성을 이끌고 홍해를 건너야 한다. 모험과 도전, 이것이 하나님께서 우리에게 원하시는 삶이다.

우리 가운데 열등감에 빠져서 "나는 이래도 안 되고 저래도 안 돼" 하며 자신을 비관하고 주어진 현실에 그냥 순응하며 사는 사람이 있는가? 아니면 무엇을 하든 삐딱한 시선으로 쳐다보며 비판만 하는 사람이 있는가? 이 두 가지 모두 하나님께서 원하시는 모습이 아니다. 하나님께서는 도전하고 모험하라고 말씀하신다. 제3의 길을 생각하라고 말씀하신다.

마리아를 향한 하나님의 특급 프로젝트

성경에 나오는 여인 중 마리아만큼 복된 여자가 또 있을까? 육신으로 이 땅에 오신 예수 그리스도의 어머니가 되었으니 말이다. 그런데 마리아는 어떻게 이런 축복을 누리게 되었을까? 마리아가 가만히 있었는데 저절로 예수님의 어머니가 되었는가?

하나님께서는 상상할 수 없는 모험을 마리아에게 요구하셨다. 요즘같이 성적(性的)으로 타락한 시대에도 처녀가 임신을 했다고 하면 부끄러운 일이다. 여고생이 임신했다고 기뻐하는 모습은 찾아보기 힘들지 않은가? 그런데 2000년 전 중동 지역에서 처녀가 임신을 했다는 사실이 알려지면 어떻게 되었겠는가? 아마 발각된 자리에서 돌로 쳐 죽임을 당했을 것이다.

그런데 하나님의 이 도전 정신을 보라. 하나님께서는 마리아에게 "나는 너의 몸을 빌려 아기 예수를 이 땅 가운데 태어나게 하려는 프로젝트를 가지고 있다. 그래도 되겠니?"라고 물으신다. 만일 어느 날 갑자기 우리에게 성령님이 찾아오시어 이렇게 말씀하신다고 생각해 보라.

"내가 너에게 한 가지 상의할 것이 있는데, 네 몸을 통해 아기 예수가 태어나게 하려는데 그렇게 해줄 수 있겠니?"

우리는 성경에 나오는 이야기라고 너무 쉽게 읽고 넘어가는 경향이 있다. 마리아가 그냥 마리아가 되었겠는가? 마리아는 도저히 수용할 수 없는 모험을 제안받았다. 그것을 받아들일 경우, 목숨처럼 사랑하는 약혼자에게 버림받을 것이 거의 확실한 상황이었다. 또한 돌에 맞아 죽을 수도 있는 위험한 상황이다. 그런데 이런 상상할 수 없는 하나님의 제안에 마리아가 무엇이라고 응답하는가?

> 마리아가 이르되 주의 여종이오니 말씀대로 내게 이루어지이
> 다 하매 천사가 떠나가니라 눅 1:38

이 구절을 읽으면서 왜 천사가 마리아를 떠나갔는지 생각해봤다. 지극히 인간적인 관점으로 해석해봤을 때 마리아의 믿음에 천사들도 더 이상 할 말이 없었던 것이 아닐까?

그런데 성경을 가만히 보니 마리아가 "말씀대로 내게 이루어지이다"라는 대답 앞에 토를 하나 다는데, 바로 "주의 여종이오니"라는 구절이다. 여기에는 많은 뜻이 담겨 있다. 마리아는 무조건 순종한 것이 아니었다. "주의 여종"이라는 말에는 '종에게 무슨 선택권이 있습니까? 주님이 알아서 하세요'라는 믿음도 담겨 있지만, 더 중요한 것은 그 말에 담겨 있는 다음과 같은 의미이다.

'하나님은 나의 주인입니다. 내가 생각하기에 이것은 말도 안 되는 제안입니다. 그러나 내 주인 되시는 하나님께서 저를 망하는 길로 인도하지 않으실 것이라 믿기 때문에 하나님 말씀에 순종하겠습니다.'

우리가 자주 하는 불평이 무엇인가? 나는 왜 이렇게 살아야 하느냐는 불평이다. 왜 나에게는 복을 안 주시느냐는 것이다. 그러나 정직하게 자신을 돌아보기 바란다. 주님께서 우리에게 마리아와 같은 모험 정신을 요구하신 적이 얼마나 많았는가? 지난달에도, 지난해에도, 5년 전에도, 10년 전에도 하나님께서 우리에게 마리아와 같은 모험 정신을 요구하신 적이 한두 번이었는가?

그런데 우리는 어떠했는가? 마리아처럼 도저히 수용하기 힘든 하나님의 제안 앞에 순종했는가?

"매출이 이렇게 많이 떨어졌는데 어떻게 십일조를 드릴 수 있어요?"

"아이가 지금 고3인데, 어떻게 주일을 온전히 지킬 수 있겠어요?"

대부분 이렇게 변명하며 하나님께서 우리에게 요구하시는 모험을 사양해왔다. 그렇게 해서 사업이 재정적으로 어렵지 않고, 자녀가 명문대에 진학할 수 있었는지는 모르겠지만, 우리나 우리의 자녀가 마리아와 같은 '위대한 인물'이 되기는 힘들 것이다.

하나님께서는 우리가 모험하기를 원하신다. 따라서 우리는 하나님께서 우리에게 모험을 요구하실 때, 우리의 생각으로는 도저히 이해할 수 없는 놀라운 명령을 하실 때, 마리아처럼 "말씀대로 이루어지이다"라고 대답해야 한다. 나는 "주의 (여)종이오니", 즉 '주님은 내 주인이오니 나를 망하는 길로 인도하지 않으실 줄 믿습니다'라는 고백과 함께 말이다.

물 위를 걷고 싶다면

나는 미국으로 이민 가 7년 동안 생활하다가 한국으로 역이민을 왔다. 시민권을 반납하고 한국으로 혼자 돌아와 서울 사랑의교회에 부임해 10년 동안 청소년 사역을 했다. 옥한흠 목사님 아래에서 만 10년 동안 제자훈련을 배운 것은 내 생에 가장 큰 축복이었다. 옥한흠 목사님은 참 대단한 분이다. 목사님은 내가 2박 3일 잠 못 자며 괴로워하다가 끝끝내 해결하지 못하고 가지고 간 문제에 대해 10초 만에 답을 주시는 분이었다. 그리고 10년 동안 한 번도 틀린 답을 준 적이 없으셨다.

그렇게 만 10년을 옥 목사님 아래에서 사역했는데, 갑자기 그 분이 나를 부르시더니 개척을 하라고 하셨다. 당시 나는 교회를 개척할 생각이 전혀 없었다. 스스로 '개척할 인물이 아니다'라고 생각했기 때문이다. 게다가 나는 청소년 사역자였다.

하지만 옥 목사님의 말씀에 순종해 교회를 개척하기로 결단했다. 그런데 결단한 뒤에도 교회를 개척해야 한다는 생각만 하면 두려움이 몰려왔다. '옥한흠 목사님'이라는, '사랑의교회'라는 탄탄한 배에 안주하고 있었는데, 이제 그 배에서 내려와야 한다는 것이 너무 두려웠다.

그렇게 고민과 염려로 하루하루를 지내고 있을 때 하나님께서 책한 권을 소개해주셨다. 시카고 윌로우크릭 커뮤니티교회에서 수년간

교육 담임목사로 사역하신 존 오트버그(John Ortberg) 목사님의 《If you want to walk on water, you have got to get out of the boat》였다. 긴 원서의 제목을 해석하면, '네가 만약 물 위를 걷는 기적을 경험하고 싶으면, 배에서 뛰어내려야 한다'이다. 이 책 제목을 보며 얼마나 전율을 느꼈는지 모른다.

하나님께서는 정말 인격적인 분이시다. 내 상상이지만 만약 그때 마리아가 하나님께 "나는 할 수 없습니다. 저는 그냥 요셉과 평범하게 알콩달콩 살고 싶습니다"라고 말했다면 하나님께서는 강요하지 않으셨을 것 같다. 나 역시 교회를 개척하기 원하셨을 때 "하나님 전 못합니다. 청소년 사역만 해오던 제가 어떻게 교회를 개척합니까?"라고 말씀드렸다면, 하나님은 나에게 강요하지 않으셨을 것이다. 그런데 하나님께서는 두려워하며 고민하고 있던 나에게 책 제목을 통해 하나님의 마음을 보여주셨다. 만약 네가 기적을 경험하고 싶다면, 네가 안주하고 있는 배에서, 사랑의교회라는 안전한 배에서 뛰어내리라는 것이다. 그래서 용기를 얻어 결단하고 분당에 교회를 개척했다.

그런데 개척을 하자마자 여기저기서 문제가 생기는데, 처음에는 감당이 안 되어 너무 힘들었다. 10년 동안 내가 해결하기 힘든 문제를 옥한흠 목사님께 들고 가면 한 번에 해결되었는데, 내가 최종결정자가 되니 어떻게 해야 될지를 몰랐다. 그런데 좌충우돌하는 가운데서도 10년이 채 지나지 않은 지금 돌아보니 그 책 제목이 내 삶 가운데 이미 펼쳐지고 있었다.

기적을 행하시는 하나님

물론 성도가 많이 모였다고 성공한 목회는 아니다. 그러나 분명히 분당우리교회에는 있을 수 없는 기적, 큰 부흥이 일어났다. 그리고 그 과정에서 우리의 생각으로는 말도 안 되는 하나님의 방법과 하나님의 역사하심이 있었다. 하나님께서 왜 열두 제자와 같은 평범한 사람들을 사용하셨는지, 왜 나 같은 연약한 사람을 쓰셨는지 생각해볼 때 유능한 사람을 쓰면 하나님의 능력이 잘 드러나지 않기 때문인 것 같다.

나는 개척 당시 장년 목회를 한 번도 해보지 않아 교구는 어떻게 나눠야 하며 심방은 어떻게 해야 하는지조차 몰랐다. 설교도 마찬가지이다. 10년간 청소년들만 상대했으므로 장년 대상의 설교가 내게는 낯설고 어려웠다. 때로는 설교 중에 청소년을 나무라듯 장년들을 지적하는 경우도 있었다.

한 번은 설교를 하는데, 갑자기 찬양대원들이 기도를 뜨겁게 하지 않는다는 생각이 들었다. 그래서 즉흥적으로 금주 토요일부터 새벽기도를 나오지 않는 찬양대원들은 더 이상 찬양대에서 섬길 수 없다고 엄포를 놓고 실제로 출석부를 만들어 찬양대원들의 출석 체크를 했다. 한마디로 목회를 제멋대로 한 것이다.

그런데 신기한 것은 새로 등록한 성도들에게 왜 분당우리교회에 왔느냐고 물어보면, 내가 사람 눈치 보지 않고 마음껏 성도들을 야단쳐서 등록했다는 대답이 많다는 것이다. 그야말로 말도 안 되는 일이 일어난 것이다.

그때 깨달았다. 하나님께서는 내 능력으로 일하기를 원하신 것이 아니었다. 만약 내가 실력이 있고, 인격이 훌륭하고, 경험이 풍부했다고 가정해보자. 그래서 개척을 했더니 부흥했다면, 그것은 하나님과 상관없을 수도 있다. 그런데 배운 것도 없고, 경험도 없고, 개척하려고 마음먹은 적도 없지만, 하나님이 하시면 분명히 물 위를 걷는 기적을 경험할 수 있다는 믿음을 가지고 배에서 뛰어내렸더니, 진짜 물 위를 걷는 기적이 나에게 일어난 것이다.

마리아와 같은 무명의 여자의 삶에도 놀라운 변화가 일어났는데, 나와 같은 연약한 사람도 물 위를 걷는 기적을 경험했다고 말하는데, 왜 자신의 인생에는 그런 변화가 없을까 생각해보기 바란다. 우리의 마음에 신앙의 도전이 일어나야 한다. 자기 자신에 대한 '거룩한 불만'을 갖길 바란다. 그리고 '나도 변화해야겠다', '나도 물 위를 걸어야겠다'라고 결단하기 바란다. 우리는 모두 베드로처럼 물 위를 걷는 인생, 도전하는 인생, 모험하는 인생이 되어야 한다.

모험보다 하나님의 뜻을 구하는 것이 먼저

둘째, 도전적 신앙이란 모험을 하되 하나님의 뜻을 구하는 것이다. 즉, 기도하는 것이다.

간혹 성경 본문을 엉터리로 가르치는 주일학교 교사들이 있다. 예전에 나를 가르쳤던 어떤 선생님은 마태복음 14장 본문을 풍랑이 이는 밤 베드로가 성질이 급해서 예수님을 보자마자 물에 뛰어들었다가 빠져 죽을 뻔했다고 가르쳤다.

마태복음 14장을 묵상하면 알겠지만 이 상황은 베드로의 급한 성격과는 아무 상관이 없다. 오히려 베드로의 가장 침착한 모습을 보여주는 대목이 바로 이 부분이다. 예수님이 나타나신 후 베드로가 한 말을 살펴보라.

> 주여 만일 주님이시거든 나를 명하사 물 위로 오라 하소서 하니
>
> 마 14:28

베드로는 물 위로 뛰어들기 전, 예수님께 철저한 검증을 받았다. 요즘으로 말하면 기도 응답을 받은 것이다. 그는 "물 위로 뛰어들어도 좋다"라는 예수님의 허락을 받고 나서 물 위로 발을 내딛었다.

우리 중에는 '하나님께서는 우리가 모험하기를 원하신다'라는 점만 기억하는 사람들이 있다. 또한 자신이 원하는 것을 하면서 하나님이 좋아하시는 모험을 하는 것으로 착각하기도 한다. 예를 들어, 자신이 다니기 싫어하는 회사에 사표를 내면서, 하나님이 원하시는 모험을 하고 있다고 생각하는 것이다.

중요한 사실은 모험을 하되 하나님의 응답을 받고 해야 한다는 것이다. 베드로가 물 위로 그냥 뛰어든 것이 아니고, 주님께서 "그렇게 하라"라고 명하셔서 뛰어들었다는 사실을 반드시 명심해야 한다.

얻지 못함은 구하지 아니하였기 때문이다

얼마 전 LA에서 사역하시는 목사님을 만나 놀라운 이야기를 들었다. 자신이 앤드류 머레이 목사님의 책을 읽다가 성령체험을 했다는 것이다. 책을 읽고 있는 도중 진동을 느끼면서 성령의 임재를 경험했기 때문에 자신에게 머레이 목사님의 책은 대단히 경이로운 책이라고 했다.

이 이야기를 듣고 큰 도전을 받았다. 우리는 대개 하나님의 은혜가 "자 오늘 성령을 받아야지"라며 마음의 준비를 하고 부흥 집회에 참석해야 임한다고 생각한다. 그러나 그 목사님은 예기치 않게, 그냥 독서를 하다가 성령을 체험한 것이다.

중요한 것은 하나님과 동행하는 인생이 되는 것이다. 하나님께서 말씀하시고 응답하시면 나는 거기에 반응하는 인격적인 교제가 이루어져야 한다.

나는 성경을 강조하는 정통 보수 교단의 교회에서 성장했다. 그리고 그것을 자랑스럽게 생각하고 있다. 그러나 성경을 읽는 것뿐만이 아니라 그 이상의 것이 필요하다는 생각이 든다. 사랑하는 사람과 통화를 하려고 하는데 상대방이 "전화하지 말고 내가 보낸 편지와 책만 읽어"라고 말한다면, 우리의 기분이 어떻겠는가? 약간 과장해서 말하면, 자칫 우리의 신앙이 그러할 수 있다.

성경을 읽어야 한다는 것은 당연한 이야기이다. 그러나 읽는 데에만 그쳐서는 안 된다. 갈 바를 알지 못하는 우리에게 하나님께서 말씀하시고 길을 보여주시도록 하나님과의 인격적인 교제가 필요하다.

한번은 나도 R. A. 토레이의 《기도의 능력과 능력의 기도》라는 책을 읽다가 그 목사님과 비슷한 은혜를 경험한 적이 있다. 야고보서 말씀을 바탕으로 쓴 내용을 읽는데, 예리한 면도칼로 가슴을 도려내는 것 같은 아픔을 느꼈다. 초대교회에서는 엄청난 능력이 나타나 소수의 그리스도인들이 시대와 민족을 뒤집는 역사를 일으켰는데, 왜 현대 교회는 이렇게 무기력하느냐 하는 아픔이었다.

초대교회 성도들은 그렇게 일당백의 역할을 하며 강한 군사와 같은 그리스도인의 삶을 살았는데, 오늘날 예수님을 믿는 사람들은 왜 이렇게 시시한 삶을 사는 것일까? 대답은 간단하다. 바로 구하지 아니하였기 때문이다.

너희가 얻지 못함은 구하지 아니하기 때문이요 약 4:2

교회는 하나님의 주 활동 무대

잘 알다시피 독일의 철학자 니체(Nietzsche, 1844~1900)는 "신은 죽었다"라는 말을 했다. 그러자 독일 교회가 발칵 뒤집어졌다. 서슬 푸르던 그 사회에서 독일 교회가 벌떼처럼 일어나 "니체는 신성모독의 죄를 사죄하라"라는 항거가 일었다.

그런데 그 뒤에 잘 알려지지 않은 에피소드가 있다. 그렇게 사람들이 불같이 일어나자 니체가 자신이 "신은 죽었다"라고 말한 데는 이유가 있다며, "지금 교회가 얼마나 무기력한지를 보라"라고 말했다는 것이다. 그런 다음, 한 말이 충격적이다.

"교회는 신의 무덤이다."

교회가 만날 아무것도 아닌 것 가지고 자기들끼리 비난하고 헐뜯고 싸우고 있으니 세상 사람들이 "저 교회를 봐. 저게 하나님의 무덤이다. 하나님이 살아 계시면 저러겠는가?"라며 비웃는다는 것이다. 이 이야기를 듣는데 피가 거꾸로 솟는 것 같았다.

아프가니스탄 한국인 피랍사건이 있었던 2007년 여름은 내 평생 가장 긴 여름이었다. 당시 탈레반 무장 세력에게 납치당한 성도들이 섬겼던 교회는 우리 이웃교회로, 기독교 안티들은 그 교회는 물론 우리 교회까지도 공격했다. 어쩌다가 교회가 이 지경에 이르렀는지 통탄을 금할 수 없었다. 그러다가 가을에 견딜 수 없어 주일 설교 때 니체 이야기를 했다.

"오늘날에도 니체처럼 한국 교회를 보면서 '교회가 신의 무덤이다' 라고 말하는 사람들이 있습니다. 교회가 신의 무덤입니까? 말도 안 되는 소리입니다. 우리 교회가 교회는 신이 무덤이 아니라 주 활동 무대인 것을 보여주기 원합니다."

이렇게 설교를 하고, 바로 다음 날부터 '특별 새벽 부흥회'를 열었다. 그랬더니 놀라운 일이 일어났다. 그 새벽에 3천 5백여 명의 성도들이 모여들었다. 우리 교회는 고등학교를 빌려 예배를 드린다. 본당은 보조의자를 모두 깔아야 천백 석이고, 그 옆에 체육관까지 사용하면 천 사오백 석의 자리가 난다. 그러니 천 백 명은 본당에 들어오고 나머지는 체육관, 지하, 복도에서 영상으로 예배를 드린다. 그러다 보니 새벽 4시 50분에 집회가 시작하는데, 새벽 3시 30분부터 줄을 선다. 새벽 4시에 동네 도로가 마비되는 진풍경이 연출되는 것이다. 그렇게 구름떼처럼 성도들이 몰려와 하나님의 은혜와 역사하심을 구하며 눈물로 기도했다. 교회가 하나님의 무덤이 아니라 주 활동 무대임을 보여주는 것이다.

그렇게 눈물로 부르짖으며 기도했더니 놀라운 일들이 일어났다. 하나님께서 다 열거할 수가 없을 정도로 많은 은혜를 부어주셨다. 지금도 매년 특별 새벽 부흥회를 실시하는데, 매번 놀라운 일들이 일어난다. 특별 새벽 부흥회를 통해 가정이 회복되고, 병이 치유되며, 마음이 새로워지는 일들이 일어났다. 언제 일어났는가? 바로 기도로 간구할 때이다.

너희가 얻지 못함은 구하지 아니하기 때문이요 약 4:2

우리가 부흥회를 연다고 할 때, 사탄이 팔짱을 끼고 앉아 이렇게 말할 수 있다.

"또 부흥회냐! 작년에도 했잖아. 그런데 그러고 나서 네 심령과 삶에 변화가 있었니?"

유명한 부흥 강사를 초청하고 아무리 화려하게 집회를 준비해도 사탄이 콧방귀도 안 뀐다면 우리의 신앙생활을 돌아봐야 한다. 사탄은 너희가 부흥회 한두 번 했느냐는 것이다. 부흥회를 통해 깨닫고 은혜 받은 것이 처음이냐는 것이다. 그래봤자 기도하지 않을 텐데 말이다. 사탄도 기도가 중요한지는 아는 것이다.

우리는 도전하는 삶을 살아야 한다. 하나님의 자녀가 무기력하게 사는 것은 옳지 않다. 또한 동시에 아무리 도전 정신과 모험 정신이 뛰어나도 기도하지 않으면 아무 일도 일어나지 않음을 기억해야 한다. 하나님의 은혜를 깨닫는 순간, 하나님 앞에 나아가 기도하기를 바란다.

야성을 회복하라!

셋째, 도전적 신앙이란 실패를 두려워하지 않는 것이다. 앞서 살펴봤듯이 베드로가 하나님의 뜻과 상관없이 성격이 급해서 물에 뛰어든 것이 아니다. 베드로는 분명히 하나님의 응답을 구했다.

> 오라 하시니 베드로가 배에서 내려 물 위로 걸어서 예수께로 가
> 되 마 14:29

그런데 결과는 어떠했는가? 물에 빠지고 말았다. 우리가 하나님의 말씀대로 순종했음에도 사업이 잘 안 될 수 있고 자녀들이 엇나갈 수도 있다. 그러나 그것이 우리를 망하게 할 수는 없다. 베드로는 주님의 말씀에 순종했음에도 불구하고 물에 빠졌다. 그렇지만 그것이 베드로

를 망하게 할 수는 없었다.

오늘날 그리스도인들은 너무 약하다. 이는 기도를 소홀히 한 후유증이기도 하다. 목회의 대부분이 상처받은 교인들 위로하는 것이 되어버렸다. 우리는 왜 이렇게 상처가 많은 것인가! 한국 교회의 야성은 다 어디로 간 것인가! 우리는 야성을 회복해야 한다. 어지간한 일에는 놀라지 말고 절망하지 말자. 베드로가 예수님의 말씀에 순종해 일시적으로 물에 빠지는 어려움을 겪었지만, 그렇기 때문에 주님이 일으켜주시는 섬세한 은혜를 경험할 수 있었다. 다윗도 골리앗과 같은 장애물이 있었기 때문에 위기 가운데 인도하시는 하나님을 경험할 수 있었던 것이다.

무엇이 우리를 괴롭히는가? 무슨 문제로 신음하고 있는가? 지나온 삶을 되돌아보길 바란다. 지금까지 이런 어려움이 얼마나 많이 있었는가? 문제는 항상 있었다. 우리가 베드로와 같은 절대적인 믿음을 가지고 나아가지 못하기 때문에 날마다 비굴하고, 초라하고, 두려운 것이다. 한 가지 문제가 해결되면 또 다른 문제가 우리를 두렵게 하는 것이다.

배에서 뛰어내리십시오

어느 주일 예배 후 한 여성도로부터 이메일이 왔다. 결혼을 했는데 남편이 상습적인 폭력을 휘둘렀다는 내용이었다. 얼마나 심하게 때리는지 도저히 함께 살 수 없어 이혼을 했는데, 다시 친정으로 갈 수도 없는 상황이었다. 그러던 중 자신에게 따뜻하게 다가오는 직장 상사에게 마음을 빼앗겼는데, 불행히도 그는 유부남이었다.

그러던 어느 날 이 자매가 예배 중에 성령의 은혜를 경험했다. 정결하신 성령님이 우리 안에서 역사하시면 죄 된 것들이 가책으로 다가오는데, 이 자매에게도 동일한 일이 일어났다. 그렇게 성령님이 함께하시니까 용기가 생겨 그 남자와의 관계를 정리하기로 결단하고 집으로 돌아왔다. 그런데 예배를 드릴 때는 할 수 있을 것 같더니, 막상 집에 돌아와 이별 통보를 하려니 죽을 것 같더라는 것이다.

그 메일을 받고 얼마나 마음이 아팠는지 모른다. 그 자매가 얼마나 안쓰럽고 불쌍하던지 그날 밤 도통 잠을 이룰 수 없을 정도였다. 그렇지만 아주 냉정하고 혹독하게 답을 써 보냈다.

"자매님, 배에서 뛰어내려야 합니다. 하나님께서 싫어하시는 그 배에서 뛰어내려야 합니다. 유부남과의 관계를 청산해야 합니다."

베드로를 보라! 그는 지금 풍랑이 이는 바다에서 자신이 타고 있는 배를 붙잡고 있다. 그런데 그 배에 예수님은 계시지 않는다. 예수님이 계신 배 밖으로 뛰어들면 죽을 것 같다. 아니 100퍼센트 죽는다. 상식적으로는 말이다.

우리 가운데 내가 이것 때문에 보호받고 있다고 생각하는 것이 있는가? 그런데 그 안에 예수님이 계시는가? 우리는 도전 정신, 모험 정신을 회복해야 한다. 하나님을 의지하는 마음을 회복하고, 날마다 그분께 기도하고 부르짖어야 한다. 하나님보다 더 의지하는 그 무엇, 하나님보다 더 사랑하는 그 무엇, 인생의 풍랑에서 나를 안전하게 보호한다고 생각하는 그 무엇에서 뛰어내리지 않고서는 하나님의 역사는 없다. 자신이 그것으로 인해 이만큼 살아왔다고 생각할지 모르지만, 그것 때문에 자신의 인생이 더 이상 비상할 수 없었다는 사실도 기억해야 한다.

하나님이 원하지 않으시는 것, 하나님이 싫어하시는 것을 청산해야 한다. 우리의 마음에 성령님께서 도전 정신을 회복시켜주시길 바란다. '난 원래 그런 인생이야, 우리 가정은 원래 그래'라고 생각하는 사람들의 마음속에 도전 정신이 일어나게 되기를 바란다. 예수님의 응답을 붙잡고 배에서 뛰어내리는 모험을 감행할 때, 우리 인생이 주님의 위로하심과 보호하심이 있는 인생으로 변화될 수 있다. 지금 당신이 안주한 그 배에서 뛰어내리려! 우리도 달라질 수 있다. 우리 가정도 변화될 수 있다. 날마다 초라하게 사는 것이 아니라 날개를 달고 독수리처럼 날아갈 수 있다.

chapter 03

하나님께서
우리의 보호자 되신다

그러므로 내가 나의 안수함으로 네 속에 있는 하나
님의 은사를 다시 불일듯 하게 하기 위하여 너로 생
각하게 하노니 하나님이 우리에게 주신 것은 두려
워하는 마음이 아니요 오직 능력과 사랑과 절제하
는 마음이니 그러므로 너는 내가 우리 주를 증언함
과 또는 주를 위하여 간힌 자 된 나를 부끄러워하지
말고 오직 하나님의 능력을 따라 복음과 함께 고난
을 받으라

딤후 1:6-8

호저(豪猪)라고 고슴도치처럼 생긴 동물의 가슴 아픈 이야기를 들은 적이 있다. 호저는 항상 딜레마에 빠져 있다고 한다. 혼자 지내는 것이 외로워 다른 호저에게 다가가면 다른 호저의 가시털이 자꾸 자신을 찌른다. 그래서 다시 혼자가 되면 또 너무 외로워 다른 호저를 찾게 된다. 그러나 또 가시에 찔리고는 다시 혼자가 된다. 호저는 평생 이것을 반복한다고 한다.

이런 호저의 모습이 꼭 우리의 모습 같다. 다른 사람에게 마음을 열었는데 돌아오는 것은 상처뿐이다. 그래서 이제 누구에게도 마음 문을 열지 않고 꽁꽁 닫고 살기로 결심한다. 그런데 혼자 지내다보면 너무 외롭다. 그래서 다시 마음을 열면 또 상처를 받는다. 이런 경험은 우리에게 대인 관계에 대한 두려움을 남긴다.

대인 관계에서 겪는 이런 경험뿐만 아니라 우리의 마음 자체가 너무 여리고 약한 것도 문제이다. 세계 최강국인 미국 사람들이 일 년 동안 신경안정제와 수면제를 구입하는 데 드는 비용이 무려 25억 달러라고 한다. 그런 선진국 국민들이 무엇이 불안하고 두려워 신경안정제와 수면제를 구입하는 데 그토록 많은 돈을 쓰는 것일까?

두려움은 어디에서 오는가?

우리는 항상 불안하고 두려워한다. 하나의 문제가 해결되면 또 다른 문제가 찾아오고, 그 문제가 해결되면 더 큰 문제가 찾아오는 것, 이것이 우리의 인생이다.

지피지기(知彼知己)면 백전백승(百戰百勝)이라고 했다. 이 두려움을 극복하기 위해서는 두려움의 실체에 대해 알아야 한다. 먼저 두려움이 어디에서부터 기인했는지 알아보자.

> 그들이 그 날 바람이 불 때 동산에 거니시는 여호와 하나님의 소리를 듣고 아담과 그의 아내가 여호와 하나님의 낯을 피하여 동산 나무 사이에 숨은지라 여호와 하나님이 아담을 부르시며 그에게 이르시되 네가 어디 있느냐 이르되 내가 동산에서 하나님의 소리를 듣고 내가 벗었으므로 두려워하여 숨었나이다 창 3:8-10

인류 최초로 찾아온 두려움은 하나님과의 관계가 어긋난 데서부터 시작됐다. 아담은 하나님의 소리를 듣고 두려워하여 동산 나무 사이로 숨었다. 하나님과의 관계가 깨지기 전에는 그렇게 감미롭던 하나님의 음성이 하나님과의 관계가 어긋나니까 두려움으로 바뀐 것이다.

미국이나 일본처럼 경제적으로 부유한 나라에도 정체를 알 수 없는 두려움에 시달리는 사람이 많은 것은 참으로 아이러니한 일이 아닐 수 없다. 오히려 미국이나 일본보다 경제적으로 못 사는 나라가 행복 지수가 더 높다고 한다. 이처럼 우리의 마음속에 있는 두려움의 자리는 돈으로도, 그 무엇으로도 채울 수 없는, 하나님과의 관계가 깨어진 자리이다.

능력

하나님께서는 우리에게 두려움을 이길 수 있는 세 가지 선물을 주셨다. 첫 번째 선물은 바로 '능력'이다.

> 하나님이 우리에게 주신 것은 두려워하는 마음이 아니요 오직 능력과 사랑과 절제하는 마음이니 딤후 1:7

사도 바울은 하나님께서 우리에게 주신 것은 두려워하는 마음이 아니라 '능력'이라고 이야기한다. 바울이 감옥에서 에베소교회 성도들을 위해 기도할 때, 가장 먼저 기도한 것이 무엇인가? 바로 에베소교회 성도들의 속사람이 강건하게 되는 것이다.

> 그의 영광의 풍성함을 따라 그의 성령으로 말미암아 너희 속사
> 람을 능력으로 강건하게 하시오며 엡 3:16

바울이 속사람의 강건함을 가장 먼저 구했다는 것은 무엇을 의미하는가? 그것은 내적으로 강해지지 않으면 이길 수 없는 많은 고난과 시험이 도래할 것이라는 이야기이다. 오늘날 이 땅을 살아가는 모든 성도가 내적으로 강해야 하는 이유가 여기 있다. 바울은 에베소교회 성도들에게 다가올 고난에 대해 이렇게 기도하지 않았다.

"하나님, 에베소교회 성도들이 앞으로 더 많은 어려움을 겪을 텐데 빨리 저를 풀어주셔서 제가 그들을 도울 수 있게 해주세요."

바울은 자신이 또는 다른 누군가가 에베소교회 성도들을 도울 수 있게 해달라고 기도하지 않고, 그들 스스로 강건해지기를 간구했다.

강한 그리스도인이 되자

현재 한국 교회 안에는 많은 문제가 있다. 그중 가장 큰 문제는 예수 믿는 성도들이 너무 약하다는 것이다.

언젠가 인도네시아 자카르타에서 열린 집회에 참석했는데, 매일 새벽 4시만 되면 마을 주민 전체가 다 들을 수 있도록 스피커에서 이슬람 경전이 흘러나왔다. 그런데 이것에 대해 불평하는 사람이 아무도

없었다. 그 사실이 내게는 너무 큰 충격으로 다가왔다.

지금 유럽을 가보면 이슬람 세력이 무섭게 성장하고 있음을 알 수 있다. 미국도 마찬가지이다. 반대로 우리 기독교 선교사들이 이슬람 권에 가서 이슬람 사람을 전도하는 일은 낙타가 바늘귀 들어가는 것보다 더 어렵다고들 한다. 이유가 무엇인지 아는가? 이슬람 사람들은 자녀가 어릴 때 그들에게 코란 과외를 시킨다. 우리나라에서 수학, 영어가 아닌 신앙교육을 위해 자녀에게 성경 과외를 시키는 사람이 몇 명이나 있는가? 아마도 거의 없을 것이다. 그런데 이슬람 사람들은 어릴 때부터 자녀들을 코란으로 무장시켜놓는다. 그래서 중간에 개종하는 일이 거의 없다고 한다.

미국 일리노이 주립대학과 CCC(국제대학생선교회)가 공동으로 기독교에서 이슬람으로 개종한 사람들을 대상으로 설문조사를 했다. "당신은 왜 기독교에서 이슬람으로 개종했습니까?"라는 주제였다. 그런데 충격적인 결과가 나왔다. 그 이유 중 하나가 기독교는 종교 같지 않기 때문이라는 것이다. 이슬람은 엄격한 규율로 신자들을 다스리고 훈련시키는 데 반해, 기독교는 너무 시시하다는 것이다. 오늘날 우리 기독교가 얼마나 나약해졌는지를 단편적으로 보여주는 설문조사라고 할 수 있다.

교역자들이 성도들을 심방하는 목적은 은혜를 나눠주기 위함이다. 그런데 간혹 교역자들이 심방을 가서 의도하지 않게 말실수를 하는 경우가 있다. 그때 성도들이 잘 이해해주면 좋을 텐데, 주러 간 은혜는 조금도 안 받고 의도하지 않은 상처만 받는 분이 있다. 그러고는 목사에게 상처받아 마음이 어렵다고 이야기하고 다닌다.

나는 상처받았다고 나를 찾아오는 사람들에게 마음에 '상처 사절'이라고 써 붙이라고 권면한다. 상처 준다고 받지 말라는 이야기이다. 성도는 상처를 받지 말고 은혜를 받아야 한다.

그러면 어떻게 해야 상처 받지 않을 수 있을까? 앞서 이야기했듯이 바로 '능력'이 필요하다. 바울이 에베소교회 성도들을 위해 기도했던 것처럼 우리는 강해져야 한다. 강해지기 위해서 기도하는 것이다. 우리는 아침, 저녁으로 기도할 때마다 이렇게 고백하고 구해야 한다.

"하나님, 제 마음에 두려움이 있습니다. 염려가 있습니다. 저는 너무 약하고 피해의식과 열등감이 많습니다. 누군가 저를 좋지 않은 시선으로 바라보는 것 같아 상처가 됩니다. 더 이상 이렇게 유약한 그리스도인으로 살고 싶지 않습니다. 강한 그리스도인이 되게 해주세요. 제게 강함을 주시길 원합니다."

여호와가 우리와 함께하신다

그렇다면 우리가 강한 그리스도인이 되기 위해서는 어떻게 해야 할까?

사람을 보내어 내가 이스라엘 자손에게 주는 가나안 땅을 정탐하게 하되 그들의 조상의 가문 각 지파 중에서 지휘관 된 자 한 사

람씩 보내라 모세가 여호와의 명령을 따라 바란 광야에서 그들을
보냈으니 그들은 다 이스라엘 자손의 수령 된 사람이라 민 13:2,3

당시 이스라엘의 상황이 어땠는가? 이스라엘 백성들이 목표로 한 가나안 땅이 이제 코앞이었다. 가데스 바네아라는 광야까지 도달한 그들은 열두 지파에서 한 명씩을 차출해 가나안 땅에 정탐꾼으로 보냈다. '지피지기(知彼知己)면 백전백승(百戰百勝)' 작전을 쓴 것이다. 정탐꾼들의 역할은 그 땅의 비옥도와 지형, 거주민들의 수와 군사력을 살펴보는 것이었다.

그런데 정탐꾼들이 돌아와 상황을 보고하는데 의견이 극명하게 엇갈렸다. 12명 가운데 10명은, 우리는 그 백성을 치지 못할 것이고 그들은 우리보다 강하다고 말했다. 즉, 가나안 정복은 불가능하다고 전했다.

이스라엘 자손 앞에서 그 정탐한 땅을 악평하여 이르되 우리가
두루 다니며 정탐한 땅은 그 거주민을 삼키는 땅이요 거기서 본
모든 백성은 신장이 장대한 자들이며 거기서 네피림 후손인 아
낙 자손의 거인들을 보았나니 우리는 스스로 보기에도 메뚜기
같으니 그들이 보기에도 그와 같았을 것이니라 민 13:32,33

그 땅의 거주민들은 기골이 장대하고 얼마나 강해 보이는지 그 앞

에서 자신들은 메뚜기 같다는 것이다. 그만큼 자신들은 그들에 비해 약하다고 말했다. 그 10명의 정탐꾼이 거짓 정보를 보고한 것은 아니었다. 어찌 보면 정확하게 정탐하고 정확하게 보고했다.

그런데 그중에서 나머지 2명, 여호수아와 갈렙은 무엇이라고 이야기하는가?

> 다만 여호와를 거역하지는 말라 또 그 땅 백성을 두려워하지 말라 그들은 우리의 먹이라 그들의 보호자는 그들에게서 떠났고 여호와는 우리와 함께하시느니라 그들을 두려워하지 말라 하나 민 14:9

여호수아와 갈렙은 자신들이 승리할 것이라고 이야기한다. 그들의 보호자는 그들에게서 떠났고, 자신들의 보호자이신 여호와는 우리와 함께하시므로 그들을 두려워하지 말고 나아가자고 말한다.

위기가 닥쳤을 때 세상 사람들은 딱 두 가지 종류로 나뉜다. 바로 보호자가 있는 인생과 보호자가 없는 인생이다. 초등학생인 자녀를 데리고 밖에 나가면, 어떨 때는 아이가 중학생한테도 까불까불하는 경우가 있다. 왜 그런가? 보호자인 아버지가 뒤따라가기 때문이다.

10명의 정탐꾼이 잘못 보고한 것은 아니다. 그렇지만 그들이 보지 못한 것이 있다. 바로 보호자 되시는 여호와 하나님을 보지 못한 것이다. 그렇기 때문에 두려운 것이다.

들린 대로 행하시는 하나님

지금 어떠한 상황인가? 10대 2로 정탐꾼들이 나뉘어 10명은 우리는 저들에 비해 약하므로 이길 수 없다고 말하고, 2명은 우리는 약하지만 우리의 보호자 되시는 하나님이 계시므로 이길 수 있다고 말한다.

이럴 경우 군중 심리가 어떻게 작용하겠는가? 때때로 가장 무서운 것 중 하나가 민주주의 방식인 경우가 있다. 민주주의의 다수결 원칙에는 함정이 하나 있다. 그것은 진리는 투표로 결정되지 않는다는 사실이다. 세상의 물결이 타락하고, 변질하고, 하나님의 뜻과 반하는 데로 흐른다고 해서 거기에 부화뇌동(附和雷同)해서는 안 된다. 하나님나라는 다수의 의견이 아닌 진리를 붙잡는 소수에 의해 움직인다는 사실을 기억해야 한다.

그런데 이스라엘 백성은 여기에 실패했다. 투표로 결정하니 10대 2로 "우리는 메뚜기다" 쪽이 통과된 것이다. 그래서 온 이스라엘 백성들이 우리는 죽었다고 울고불고 할 때, 하나님께서 대로(大怒)하시며 다음과 같이 말씀하셨다.

> 그들에게 이르기를 여호와의 말씀에 내 삶을 두고 맹세하노라
> 너희 말이 내 귀에 들린 대로 내가 너희에게 행하리니 민 14:28

하나님께서는 하나님의 귀에 들린 대로 행하시겠다는 것이다.
"너 방금 네 스스로가 메뚜기 같다고 그랬니? 너 방금 죽을 것 같다

고 그랬니? 네 말이 내 귀에 들린 대로 만들어주마."

10명의 정탐꾼이 고백한 대로 이스라엘 백성들은 광야에서 메뚜기처럼 초라하게 죽어갔다. 반면에 여호수아와 갈렙은 무엇이라고 말했는가?

"비록 우리가 약할지라도 우리는 우리의 힘으로 싸우는 것이 아니다. 여호와 하나님께서 저 가나안 땅을 우리에게 주기로 약속하셨다. 저 덩치 큰 가나안 원주민들은 보호자가 없는데, 우리는 보호자 되시는 여호와 하나님이 함께하신다. 그러므로 우리는 망하지 않고 승리할 수 있다."

그랬더니 하나님께서 무엇이라고 말씀하셨는가?

"너 지금 무엇이라고 말했니? 승리할 수 있다고 이야기했니? 그렇다면 네 말이 내 귀에 들린 대로 만들어주마."

오늘날 우리가 왜 그렇게 두려워하는지 아는가? 우리가 두려워하는 것은 장애물이 크기 때문이 아니다. 다윗이 자신을 죽이기 위해 쫓는 사울을 피해 동굴에 숨어 있을 때, 그 두려운 상황 속에서 다윗은 어떻게 결단하였는가?

하나님이여 내 마음을 정하였사오니 내가 노래하며 나의 마음을 다하여 찬양하리로다 비파야, 수금아, 깰지어다 내가 새벽을 깨우리로다 시 108:1,2

아무리 어렵고 두려운 상황에서라도 하나님을 의지하면 두렵지 않다. 하나님을 의지하고 찬양하기로 결단하면 찬양할 수 있는 것이다. 주님께서 "나를 단련하신 후에는 내가 순금같이 되어 나오리라"(욥 23:10)라는 확신을 가지고 승리하기 바란다.

우리가 하는 말이 능력이다

옛날부터 우리나라 부모들은 자녀에게 말을 험하게 하는 경향이 있다. 그러나 아무리 화가 나더라도 자녀를 무시하고 저주하는 말을 해서는 절대로 안 된다. 우리의 말이 능력이기 때문이다. 어딘지 주눅 들어 있는 아이들을 자세히 살펴보면 대부분의 경우 가정에서 부모로부터 비교하는 말, 저주하는 말 등으로 상처 입은 경우가 많다. 부모의 부정적인 말이 능력이 되어 자녀를 옭아매고 있는 것이다.

우리의 입술에 변화가 필요하다. 하나님 앞에서도 마찬가지이다. 하나님을 기쁘시게 하고 하나님의 마음을 시원케 하는 고백이 우리의 입술에서 흘러나와야 한다. 우리가 하는 말에 능력이 있기 때문이다. 두려움을 이기는 능력을 하나님께서 우리에게 주셨다. 우리의 눈앞에 네피림 후손들처럼 강해 보이는 대적들이 가득할지라도 "우리는 우리의 보호자 하나님이 계시므로 두렵지 않다"라고 선포해야 한다.

내가 스물세 살 때, 처음 미국에 이민 갔을 때는 엄청 주눅이 들어 있었다. 주변의 다른 친구들은 일찍 이민을 간 터라 영어도 잘하고 부모도 잘 만나 지갑도 두둑한데, 나는 영어도 못하고 아버지는 일찍 돌아가서서 안 계셨으며 밤을 꼬박 새워 하루 8시간씩 일하고 난 후 아침이 되면 학교로 달려가야 했다.

그런데 내가 한 가지 잘한 것이 있었다. 아무리 부유하고 잘난 친구들을 만날 때라도 마음속으로 이렇게 고백한 것이다.

'그래, 내가 지금은 이렇게 초라하다. 영어도 못하고, 싸구려 청바지 입고, 막노동을 하며 겨우겨우 살아간다. 그러나 나는 이렇게 망하지 않는다. 우리 부모님이 어떤 분이신지 아니? 우리 아버지는 금식기도 하시다가 하나님의 부르심을 받은 분이고, 어머니는 평생 새벽 4시면 일어나서서 나를 위해 기도하시는 분이다. 10년 뒤에 누가 잘되는지 한번 두고 볼래?'

그러고는 딱 10년 후 하나님께서는 나를 청소년 사역자로 세워주셨고, 또 10년 후에는 분당우리교회를 개척하게 하셨다. 나는 지금도 나의 10년 후가 정말 기대된다.

이 비결이 무엇인지 아는가? 밖으로는 부모님께서 나를 위해 기도하셨고, 안으로는 내가 입술로 선언했기 때문이다. 정말 신기하게도 내가 입술로 선언한 것이 내 삶 속에서 그대로 이루어졌다. 어리석게도 우리는 자기 입술로 자신의 인생을 망치는 경우가 많다.

너희 말이 내 귀에 들린 대로 내가 너희에게 행하리니 민 14:28

우리는 이 민수기 14장 28절의 법칙을 기억해야 한다. 그래서 말할 때나 기도할 때 항상 조심해야 한다. 하나님께서는 그분의 귀에 들린 대로 행해주시는 분이다.

나는 내 삶에 이 법칙을 적용했다. 교회를 개척할 당시 나는 가진 것이 아무것도 없었으며, 성격은 너무 급했다. 그래서 하나님 앞에서 몇 번이고 선포를 했다.

"하나님, 저는 다혈질이고 성격이 급합니다. 제 이런 성향이 목회를 하는 데 방해되지 않도록 도와주세요. 하나님, 그렇게 될 줄로 믿습니다."

그런데 정말 놀랍게도 내가 그렇게 선포를 하니 정말로 내 성격이 고쳐지는 것이다. 그래서 지금은 나보고 성격 급하다고 하는 사람이 거의 없다. 오히려 차분하다고 말하는 사람도 있다.

두려움이 찾아올 때마다 하나님께서 자신의 보호자가 되심을 믿고 입으로 선포하기 바란다.

"하나님께서 지켜주시니 나는 절대로 망하지 않는다. 이대로 무너지지 않는다."

또한 우리의 자녀들에게도 이렇게 축복해야 한다.

"하나님, 이 아이가 지금은 힘든 사춘기를 지나고 있지만 곧 끝날 줄 믿습니다. 그리고 하나님의 일에 귀하게 쓰임 받는 아이로 자라날 것을 믿습니다."

사랑

두려움을 이기는 두 번째 실체는 바로 '사랑'이다. 우리 안에 있는 두려움을 뛰어넘을 수 있는 무기가 사랑이다.

> 하나님이 우리에게 주신 것은 두려워하는 마음이 아니요 오직 능력과 사랑과 절제하는 마음이니 딤후 1:7

요한일서에서는 사랑과 두려움에 대해 다음과 같이 이야기한다.

> 사랑 안에 두려움이 없고 온전한 사랑이 두려움을 내쫓나니 두려움에는 형벌이 있음이라 두려워하는 자는 사랑 안에서 온전히 이루지 못하였느니라 요일 4:18

내가 처음 청소년 사역을 시작할 때는 정말 두려웠다. 아이들이 나와는 전혀 다른 세계의 사람처럼 보였다. 내가 사역했던 지역은 아이들에게 한 과목에 30만 원이 넘는 과외를 몇 개씩 시키는 동네였다. 마치 돈을 찍는 기계가 집집마다 있는 것 같았다.

그래서 아이들 앞인데도 너무 주눅이 들었다. 그 앞에만 서면 내가 너무 초라했다. 게다가 용기를 내 아이들 앞에서 힘껏 설교를 할 때면 아이들이 웃어버리곤 했다. 당시는 내 경상도 사투리가 지금보다 더 심했기 때문이다.

진짜 사랑하기로 결정하라!

그때 내가 결심한 것이 무엇인지 아는가? 아이들을 정말 진심으로 사랑해버리는 것이다. 당시 교회 주보에 우리 집 전화번호를 공개하고, 아이들에게 하루 24시간 동안 언제든지 전화해도 괜찮다고 말했다. 아이들이 가장 전화를 많이 하는 시간은 새벽 12시 30분에서 1시 30분 사이다. 대부분의 부모님들이 자녀가 교회 선생님에게 전화를 걸어 힘든 일을 털어놓는 것을 싫어하기 때문에 아이들은 부모님이 잠든 시간이나 학원 마치고 오는 길에 나에게 전화를 걸어 자신들의 고민과 문제를 이야기했다. 가장 늦은 시각에 전화가 걸려온 것은 새벽 3시 30분이었다. 한 고등학교 3학년 여자아이가 부모님의 기대에 못 미치는 자신의 성적 때문에 힘들어하며 얼마나 서럽게 울었는지 모른다.

당시 교육 전도사 파트타임으로 받는 얼마 안 되는 월급을 쪼개고 쪼개서 아이들에게 비싼 강남 팥빙수를 사 먹여 가며 그들을 만나고, 찾아다녔다. 정말로 사랑하니까 두려움이 없어진 것이다.

절제

두려움을 이기는 세 번째 실체는 '절제'이다. 칼이 날카로울수록 칼집이 필요하다. 이것이 절제가 필요한 이유이다. 오늘날 교회에서 일어나는 여러 문제의 가장 큰 원인 중 하나가 중직자들에게 절제가 부족하다는 데 있다. 현재 한 교회의 담임목사로 있는 나에게 가장 중요한 것이 절제이다. 우리는 절제하고 절제하고 또 절제해야 한다. 한 번 밟으면 시속 300킬로미터까지 나가는 고급 터보 엔진이 달린 스포츠카일수록 브레이크가 좋아야 한다. 이처럼 그리스도인에게 항상 필요한 것이 절제이다.

나는 우리 교회 여성도들에게 교회에 올 때 밍크코트는 입지 말라고 이야기한다. 그런 값비싼 옷을 입음으로써 상대적으로 다른 사람의 마음에 부담과 상처를 줄 수 있기 때문이다. 다른 사람의 마음을 어렵게 하는 것이라면, 기꺼이 절제하라고 말하고 싶다. 외제차를 타고 다니는 것 때문에 마음에 상처를 받는 사람이 있다면, 외제차 타는 것 역시 절제해야 한다.

하나님의 은혜를 간직하는 중요한 통로 중 하나가 절제이다. 그것이 두려움을 이기는 능력이 된다.

갑자기 찾아오신 성령님

2002년 5월 8일 개척을 하고 창립 예배를 드리는데, 너무 두려웠다. 사람들이 몰려올수록 더 두려웠다. 개척을 하고 3개월이 지난 8월 15일, 교회에서 교회의 미래에 대한 회의를 마치고 집으로 돌아왔는데, 아내가 옷을 하나 수선해다 줄 것을 부탁했다. 그래서 인근 백화점에 있는 수선집에 가 수선을 맡기고 백화점 벤치에 앉아 수선이 다 되기를 기다리고 있는데, 그때 갑자기 성령님이 나에게 임하셨다. 그 시간 나는 성령님을 구하지 않았고 예수님을 찾지도 않았다. 그냥 멍하니 벤치에 앉아 있었다. 그런데 예기치 않게 성령님이 나에게 임하신 것이다.

성령님은 우리가 간구하며 부르짖을 때에도 임하시지만 이렇게 뜻밖의 상황에서 임하시기도 한다. 왜냐하면 성령님은 주권적으로 일하시기 때문이다. 그분은 주권자이시다.

그날 벤치에 앉아 팔짱을 끼고 눈을 감자 아줌마들의 수다 떠는 소리, 강아지 짖는 소리, 자동차 지나가는 소리가 들렸다. 그때 갑자기 마음속에 성령이 불덩이처럼 임하면서 눈물이 쏟아지기 시작했다. 왜 그렇게 눈물이 쏟아졌는지 아는가? 지난날 내가 두려워하고 낙심하며 좌절할 때 하나님께서 나에게 어떻게 은혜를 주셨는지가 슬라이드 필름처럼 한 컷 한 컷 지나갔기 때문이다.

당시 나는 장년 목회의 경험 없이 개척한 것이 몹시 불안하고 두려웠다. 설교 도중 망신을 당할 것 같았고, 결국에는 교회에서 쫓겨날 것 같았다. 개척 초기 내가 설교를 하면 사람들은 "이찬수 목사는 아이들만 상대로 설교해서 설교에 깊이가 없어"라고 평가했다. 나는 그 말이 이해할 수 없으면서도 너무 두려웠다.

그런데 하나님께서 백화점 벤치에 앉아 있는 나에게 '언제는 네가 잘났기 때문에 너를 격려하였느냐?'고 물으셨다. '청소년 사역을 할 때, 네가 잘나서 그렇게 했느냐?'고 물으셨다. 그러면서 1992년 12월 24일 밤에 임했던 성령의 은혜의 필름을 보여주셨다.

내가 너를 책임질 것이다

사랑의교회에 부임하고 나서 한 달 뒤 크리스마스이브였다. 그날 밤 주일학교 아이들의 재롱잔치가 끝나고, 수많은 사람들이 쏟아져 나오는데 나 혼자 이방인이 된 것 같았다. 가족들은 모두 시카고에 살고 있었고, 서울 강남에는 친척 한 명도 없었다. 그 크리스마스이브 밤에 교회 문 앞에 한 시간 동안 서 있는데, 나에게 아는 척하는 사람이 단 한 명도 없었다. 그때 얼마나 외롭고 고독했는지 모른다.

갈 곳이 없어 기숙사로 향했다. 그런데 그 큰 기숙사 안에 있는 사람이 또 나 혼자였다. 크리스마스이브에 교회 기숙사에서 자는 사람이 누가 있겠는가? 딱 나 혼자였다.

4인용 방에 혼자 들어가 침대에 누웠는데, 내 생애 가장 외롭고 고독한 크리스마스이브였다. 외로움에 하염없이 눈물이 쏟아졌다. 그런데 내가 그토록 고독했던 1992년 12월 24일 그 밤에 하나님께서 나를 찾아오셨다. 그러고는 나를 위로하시며 놀라운 약속의 말씀을 주셨다.

"걱정하지 말아라, 내가 너의 청소년 사역에 함께할 것이다. 너의 연약함, 아이들이 놀리는 사투리, 호감 가지 않는 외모 등 어느 것 하나도 문제가 되지 않는다. 내가 너를 청소년 사역자로 만들어줄 것이다."

그 큰 건물에서 혼자서 무섭고, 두렵고, 외롭고, 서러워 초라하게 눈물 흘리며 웅크리고 있던 나에게 하나님이 찾아오셔서 청소년 사역을 책임지고 도와주겠다고 하신 것이다.

나의 10년간 청소년 사역은 하나님께서 나에게 주셨던 약속을 그대로 이루어주신 놀라운 축복의 시간이었다. 나같이 어눌하고, 성격 급하고, 사투리 심하고, 별 볼 일 없는 사람이 강남 8학군 아이들을 양육하는데, 10년 동안 단 한 명도 나에게 대드는 아이가 없었다.

마지막 졸업예배를 드리고 교회를 떠나는데 그날 아이들이 나를 어떻게 감동시켰는지 아는가? 그동안 들었던 설교 중 은혜 받았던 설교의 제목과 내용들을 노란 포스트잇에다 적은 후 온 벽을 그 노란 포스트잇으로 도배했다. 그것이 내 생애의 면류관이었다.

모두 하나님이 하신다

하나님께서 백화점 벤치에 앉아 있던 나에게 그 그림을 보여주셨다. 청소년 사역을 할 수 있었던 것이 내가 똑똑하고 잘나서였느냐는 하나님의 질문이었다.

그때 하나님이 보여주신 또 다른 장면은 덕유산 야영 집회에 강사로 갔을 때의 일이다. 무려 만여 명의 청소년들이 운집해 있던 집회였는데 집회가 시작되고 말씀을 시작하려고 하니 갑자기 폭우가 쏟아졌다. 그런데 그 어린 중고등학생들이 엄청난 폭우를 맞으면서 미동도 하지 않았다. 그때 다니엘서 말씀을 전했는데, 그 아이들이 폭우를 맞으면서 조국 대한민국을 살려달라고 눈물을 흘리며 예배를 드리던 모습이 지금도 잊히지가 않는다.

이렇게 하나님께서 과거의 필름 한 컷 한 컷을 보여주시는데, 오랫동안 잊고 있던 찬양 하나가 입술에서 떠오르기 시작했다.

보라 너희는 두려워 말고

보라 너희를 인도할 나를

보라 너희는 지치지 말고

보라 너희를 구원한 날을

너희를 치던 적은 어디 있느냐.

너희를 억누르던 원수는 어디 있느냐.

보라 하나님 구원을

보라 하나님 능력을

너희를 위해서 싸우시는 주의 손을 보라.

이 찬양을 한 번 부르고, 두 번 부르고, 세 번 부르고, 10번 부르는데 눈물이 흐르기 시작했다. 그 백화점 벤치에 앉아 하염없이 눈물을 흘리면서 이 찬양을 부르는데 그동안 나를 누르고 있었던 주눅이 풀렸다.

"그렇군요. 하나님, 내 인생을 돌아보니 내 힘으로 한 것이 하나도 없습니다. 청소년 사역도 내가 똑똑해서, 내가 잘나서 한 것이 아니었습니다. 모두 하나님이 하셨군요. 그런데 내가 왜 여기서 두려워하고 있습니까? 내가 왜 이렇게 떨고 있습니까?"

그날 이후, 엄청난 용기가 생겼다. 자리에서 일어나 "하나님, 이제 내가 두려워하지 않겠습니다. 두려워하는 마음은 하나님이 주시는 마음이 아닌 것을 알게 됐습니다"라고 고백했다.

그 후로부터 9년이 지났다. 분당우리교회에서의 지난 세월 역시

2002년 8월 15일 그 벤치 앞에서 하나님께서 나에게 하셨던 약속을 그대로 보여주시는 기간이었다. 지난 9년 동안 내가 한 일은 아무것도 없다. 그래서 지치지 않는다. 한 것이 있어야 지치지 않겠는가? 하나님께서 하시는 일이 너무 놀라워 그냥 박수 치며 구경만 한 듯하다.

지금 무슨 일로 두려워하고 있는가? 자녀를 보니 염려가 생기는가? 상황을 바라보니 걱정이 되는가? 이스라엘 백성이 가나안 입성을 앞두고 "우리는 스스로 보기에도 메뚜기 같으니"(민 13:33)라고 두려워 떨 때에 그들을 향하여 하나님께서 분노하신 이유가 무엇인가?

하나님께서는 언제는 너희 힘으로 왔느냐고 물으시는 것이다. 홍해를 너희의 힘으로 건넜느냐는 것이다. 만나와 메추라기를 너희 힘으로 얻었느냐는 것이다. 모두 여호와 하나님께서 주신 것이다.

자신의 입술로 자신을 초라하게 만들지 말아야 한다. 나는 할 수 없다, 우리 가정은 안 된다, 우리 아이는 제대로 자랄 수 없다 등 이런 말들을 내뱉을 때 하나님께서는 우리에게 이렇게 말씀하실 것이다.

"언제는 네 힘으로 인생을 영유했니? 네 말이 내 귀에 들린 대로 그대로 내가 행해주겠다."

part 02

나의 생각은
너희의 생각과 다르니

은혜를 경험하고 나니 바뀌는 것은 환경이 아니라 환경을 바라보는 나의 태도와 시각이었다. 그때 내가 깨달은 사실은, 우리는 하나님을 알라딘 마술램프 안에 있는 '지니'로 여기고 일확천금을 구하는 것이 신앙인 줄 알고 있다는 사실이다. 하나님은 램프 안에 있는 지니가 아니시다. 문지르면 나와서 소원을 들어주는 그런 분이 아니시다. 우리 상황을 평탄하게 해주는 심부름꾼이 아니시다.

chapter 04

하나님께서 주시는
진정한 형통을 누려라

요셉이 이끌려 애굽에 내려가매 바로의 신하 친위대장 애굽 사람
보디발이 그를 그리로 데려간 이스마엘 사람의 손에서 요셉을 사
니라 여호와께서 요셉과 함께하시므로 그가 형통한 자가 되어 그
의 주인 애굽 사람의 집에 있으니 그의 주인이 여호와께서 그와
함께하심을 보며 또 여호와께서 그의 범사에 형통하게 하심을 보
았더라 요셉이 그의 주인에게 은혜를 입어 섬기매 그가 요셉을 가
정 총무로 삼고 자기의 소유를 다 그의 손에 위탁하니 그가 요셉
에게 자기의 집과 그의 모든 소유물을 주관하게 한 때부터 여호와
께서 요셉을 위하여 그 애굽 사람의 집에 복을 내리시므로 여호와
의 복이 그의 집과 밭에 있는 모든 소유에 미친지라 주인이 그의
소유를 다 요셉의 손에 위탁하고 자기가 먹는 음식 외에는 간섭하
지 아니하였더라 요셉은 용모가 빼어나고 아름다웠더라

창 39:1-6

이런 우스갯소리가 있다. 어떤 사람이 약속 시간에 늦어 과속을 하며 차를 몰고 있었다. 한참 달리고 있는데 단속 카메라가 눈에 들어왔다. 깜짝 놀라 재빠르게 속도를 줄였는데, 자신의 차가 지나가자 단속 카메라가 "찰칵" 하며 촬영음을 내는 것이다. 아무리 생각해도 자신은 속도를 기준 이하로 낮췄는데 카메라에 왜 찍혔는지 이해할 수가 없었다. 호기심이 많은 이 사람은 다시 돌아가 속도를 낮춘 다음, 카메라가 있는 곳을 지나갔다. 그런데 단속 카메라에 자신의 차가 또 찍히는 것이다. 도무지 이해할 수 없어 이번에는 속도를 최대한 낮춘 다음, 그 앞을 다시 지나갔다. 그랬더니 또 "찰칵" 하고 자신의 차가 찍히는 소리가 들렸다.

며칠 후 이 사람에게 고지서 석 장이 날아왔는데, 거기에는 이렇게 적혀 있었다.

"안전벨트 미착용."

나는 목회를 하면서 이 썰렁한 이야기를 마음에 자주 떠올린다. 우리에게는 저마다 자신의 기준이 있다. 그러고는 자신은 그 기준에 맞춰 속도를 줄였다고 말한다. 그러면서 다른 사람이 과속하는 것을 보면 비판하고, 정죄한다. 그러나 하나님께서 보시는 기준, 하나님의 관점은 속도가 아니라 안전벨트 착용의 여부이다. 이처럼 우리가 하나님 앞에서 신앙생활을 할 때, 잘못된 관점으로 인한 오해가 얼마나 많은지 모른다.

요셉의 특징은 꿈보다 형통

우리가 잘 알고 있는 인물 '요셉'에 대해 살펴보자. 요셉이 얼마나 인기가 많은 인물인지 모른다. 요셉은 외국에서 우리나라의 '철수'만큼이나 흔한 이름이다. 그들은 왜 자기 자녀들의 이름을 요셉이라고 짓는 것일까? 우리 어머니도 어릴 때부터 나를 무릎에 앉혀 놓고 항상 이렇게 기도하셨다.

"하나님, 우리 아들 찬수가 요셉과 같은 훌륭한 인물이 되게 해주세요."

왜 우리 어머니는 사랑하는 막내아들이 요셉 같은 인물이 되기를 원하셨을까?

아마도 자신의 자녀가 요셉처럼 꿈의 사람이 되길 원했기 때문일 것이다. 꿈을 가진 사람, 비전을 가진 사람이 되라는 것이다. 성경퀴즈를 할 때 '꿈'이라는 단어가 나오면 무조건 정답은 요셉이다. 생각할 필요도 없다.

그런데 성경을 조금 더 알기 시작하고 묵상하면서 자꾸 다른 의문이 들었다. 진짜로 요셉이 요셉이 된 것은 그의 꿈 때문만이었을까? 묵상하면 할수록 '꿈'보다 더한 무언가가 있을 것 같다는 생각이 들었다. 한번 생각해보라. 열일곱 살 청소년 시기에 요셉만큼 꿈 안 꾸는 사람이 어디 있겠는가. 성장기에 요셉만큼 꿈을 안 꾸는 사람은 별로 없을 것이다.

요셉과 관련된 성경 구절을 살펴보면, 요셉을 설명할 때 가장 많이 사용되는 단어는 '꿈'이 아니라 '형통'임을 알 수 있다.

여호와께서 요셉과 함께하시므로 그가 '형통'한 자가 되어 그의 주인 애굽 사람의 집에 있으니 창 39:2

그의 주인이 여호와께서 그와 함께하심을 보며 또 여호와께서 그의 범사에 '형통'하게 하심을 보았더라 창 39:3

간수장은 그의 손에 맡긴 것을 무엇이든지 살펴보지 아니하였

그래서 내가 내린 결론은, 요셉의 '요셉 됨'은 그가 꾼 꿈이 아니라 엄청난 꿈을 현실로 응답해주신 '하나님의 형통케 하심'에 있다는 사실이다. 아무리 엄청난 꿈을 꾸어도 하나님께서 형통을 허락하지 않으시면 그 꿈은 개꿈이 되는 것이고, 형통을 허락하시면 비로소 축복이 되는 것이다. 따라서 우리는 하나님께 "요셉과 같은 꿈을 주시옵소서"라고 기도하기보다는 "요셉이 누렸던 형통의 복을 주시옵소서"라고 구해야 한다.

그러면 오늘날 우리가 요셉이 누렸던 이 형통의 복을 받으려면 어떻게 해야 할까?

하나님께서 주시는 형통의 복을 받으려면 먼저 형통의 개념부터 정확히 알아야 한다. 우리가 알고 있는 형통과 하나님께서 말씀하시는 형통의 개념이 다르다면, 우리는 하나님께서 주시는 형통의 복을 제대로 받을 수 없다.

정말 요셉처럼 살고 싶은가?

요셉은 진짜 형통한 삶을 살았을까? 사실 세상적인 관점으로 생각해보면 요셉만큼 형통하지 않은 인생도 없다. 어릴 때부터 형들에게 모진 구박과 핍박을 당했고 급기야 형들에 의해 다른 나라의 노예로 팔려간 인생이 어디를 봐서 형통한 삶이겠는가? 형들에 의해 웅덩이에 갇혀 그 웅성웅성하는 소리를 들었을 때, 어린 나이에 얼마나 가슴이 아팠겠는가?

그런데 요셉은 참 괜찮은 청년이다. 그 어려운 역경 속에서도 좌절하지 않고 하나님과 동행하며 성실하게 산 결과, 그의 주인인 보디발의 신임을 얻어 가정 총무의 일을 보게 된다. 이제 좀 사람다운 삶을 살 수 있게 된 것이다.

> 요셉이 그의 주인에게 은혜를 입어 섬기매 그가 요셉을 가정 총무로 삼고 자기의 소유를 다 그의 손에 위탁하니 그가 요셉에게 자기의 집과 그의 모든 소유물을 주관하게 한 때부터 여호와께서 요셉을 위하여 그 애굽 사람의 집에 복을 내리시므로 여호와의 복이 그의 집과 밭에 있는 모든 소유에 미친지라 주인이 그의 소유를 다 요셉의 손에 위탁하고 자기가 먹는 음식 외에는 간섭하지 아니하였더라 창 39:4-6

그런데 그때 보디발의 아내가 요셉의 인생을 방해한다. 성경에 보면, 요셉은 용모가 빼어나고 아름다웠다. 이런 요셉을 보디발의 아내가 유혹하기 시작한 것이다. 그러나 요셉은 이를 단호히 거절하고 그녀와 함께 있는 것조차 피한다.

그러던 어느 날, 그 집에 다른 사람들은 한 명도 없고 요셉과 보디발의 아내만 남게 된다. 이 기회를 틈타 보디발의 아내는 친위대장의 아내로서의 체면이고 뭐고 다 내던지고 요셉의 옷을 잡으며 그에게 동침하기를 청한다. 당황한 요셉은 자신의 옷을 보디발의 아내의 손에 버려두고 그 자리를 피해 도망친다.

> 그러할 때에 요셉이 그의 일을 하러 그 집에 들어갔더니 그 집 사람들은 하나도 거기에 없었더라 그 여인이 그의 옷을 잡고 이르되 나와 동침하자 그러나 요셉이 자기의 옷을 그 여인의 손에 버려두고 밖으로 나가매 창 39:11,12

나는 가족과 함께 이민생활을 했음에도 너무 외롭고 고독했다. 그런데 요셉은 혼자, 그것도 형들에게 팔려 타지에 와 있다. 더군다나 그의 나이는 피가 끓는 나이이다.

이 대목에 이를 때마다 나는 정직하게 상상해본다. 나는 그 상황에서 어떻게 했을까? 나라면 99퍼센트도 아니고 100퍼센트 유혹에 넘어갔을 것이다. 그런 유혹을 이겨낼 남자는 거의 없을 것이다. 그런데 요셉은 그것을 이겨냈다. 요셉은 구약에서 예수님을 예표(豫表)하는 인물이다. "내가 어찌 이 큰 악을 행하여 하나님께 죄를 지으리이까"(창 39:9)라는 멋진 말을 남기며, 그 유혹을 이겨낸 것이다.

우리가 원하는 형통 vs 하나님이 원하시는 형통

사람에게는 보상심리가 있다. 하기 어려운 일을 해내면 그에 따른 보상심리가 생기기 마련이다. 시험에서 100점을 맞은 자녀가 시험지를 들고 집에 오자마자 엄마에게 외치는 말이 무엇인가? "엄마, 저 100점 맞았어요. 뭐 사주실 거예요?"이다. 이것이 보상심리이다.

요셉이 보통의 남자라면 물리치기 힘든 유혹을 하나님만 의지해 이겨내는 놀라운 일을 했다. 그러면 요셉의 마음속에 무언가 보상심리가 있을 법하다.

'하나님, 제가 한 일을 보셨지요? 장하지 않습니까? 그 무서운 여자의 유혹을 이겨냈습니다. 하나님, 무엇으로 저에게 보상해주시겠습니까?'

그런데 하나님께서 무엇으로 보상해주셨는가? 이 시대의 장한 청년상, 모범상, 순결상 같은 상을 주셨는가? 그렇지 않다. 요셉은 감옥으로 보내졌는데, 죄명이 강간 미수범이었다. 요즘처럼 성적(性的)으로 타락한 시대에도 강간 미수범에게는 관대하지 않다. 하물며 고대사회에서 그런 죄명을 쓰게 되었으니 얼마나 수치스러웠겠는가?

이런 요셉의 인생이 어디를 봐서 형통한 인생인가? 우리 가운데 이런 인생을 살고자 하는 사람이 누가 있는가? 그런데 성경은 요셉의 삶이 형통하다고 말한다.

여기에서 우리는 정직하게 고백해야 한다. 우리가 원하는 형통, 우리가 목말라하는 형통, 우리가 갈구하는 형통이 하나님께서 원하시는 형통과 괴리가 있음을 깨달아야 한다. 요셉의 이야기를 살펴보면서 자신이 지금까지 갈망한 형통은 어떤 형통인지, 그리고 앞으로 어떤 형통을 추구해야 하는지 알아가길 바란다.

하나님이 함께하심이 형통

그렇다면 성경이 말하는 형통, 하나님이 말씀하시는 형통은 과연 무엇일까?

첫째, 하나님의 함께하심을 경험하는 삶이다. 창세기 39장에서 형통을 설명하는 표현 전후에 어떤 설명이 있는지 살펴보자.

> 여호와께서 요셉과 '함께하시므로' 그가 형통한 자가 되어 그의 주인 애굽 사람의 집에 있으니 창 39:2

> 그의 주인이 여호와께서 그와 '함께하심'을 보며 또 여호와께서 그의 범사에 형통하게 하심을 보았더라 창 39:3

> 간수장은 그의 손에 맡긴 것을 무엇이든지 살펴보지 아니하였으니 이는 여호와께서 요셉과 '함께하심이라' 여호와께서 그를 범사에 형통하게 하셨더라 창 39:23

창세기 39장 2절에 "형통한 자가 되어" 앞에 "여호와께서 요셉과 함께하시므로"라는 단서가 붙어 있다. 또 3절에도 "여호와께서 그의 범사에 형통하게 하심을 보았더라" 앞에 "그 주인이 여호와께서 그와 함께하심을 보며"라는 전제가 나온다. 23절도 마찬가지이다.

여기서 우리가 발견할 수 있는 놀라운 진리는 무엇인가? 우리에게 형통은 무엇을 의미하는가? 하나님께서 자신과 함께하시든 함께하지 않으시든 상관없이 돈만 많이 벌면 그것이 형통인가? 하나님께서 자신과 함께하시면 좋은 것이고 또 그렇지 않으셔도 자신의 목적만 이루면 된다고 생각하지는 않는가?

이런 잘못된 가치관이 예수 믿는 성도들, 심지어 목회자들 안에도 자리 잡고 있다 보니 오늘날의 개신교가 점점 그 본질을 잃어가고 있는 것이다. 하나님께서는 억울하게 누명을 쓰고 감옥에 가게 되더라도 그곳에서 하나님의 임재를 경험하면, 거기가 축복의 자리라고 말씀하신다.

사업에 성공하는 것이 형통이라고 누가 이야기하는가? 오늘날 우리 그리스도인들은 '사이비 형통'에 빠져 산다. 교회도 마찬가지이다. 이렇게 모으나 저렇게 모으나 사람만 모으면 된다는 잘못된 가치관이 알게 모르게 스며들고 있기 때문에 오늘날 교회의 능력이 약해지고 있는 것이다.

세상 사람들이 기독교인을 비꼬는 말 중에 참 가슴 아픈 말이 "예수 믿는 사람이 더 하다"는 말이다. 예수 믿는 사람이 얼마나 성공에 집착하는지 세상 사람과 마찬가지로 뇌물이나 세금 포탈을 일삼는데,

거기에 '예수' 이름까지 동원해 성공을 빈다는 것이다. 새벽마다 교회에 가서 예수께 부르짖는 것이 세상적인 성공과 형통이라는 것이다.

우리는 이 형통의 개념을 바꿔야 한다. 하나님의 기준으로는 대궐 같은 집에서 호의호식하며 사는 것이 형통이 아니다. 하나님과 동행하며 사는 것이 형통이다. 요즘 시대는 외적인 것을 지나치게 중요하게 생각한다. 교회도 보면 건물, 인테리어, 주보 등 눈에 보이는 것에 큰 관심을 쏟는다. 이렇게 외적인 것에 자꾸 마음을 쓰기 시작하면 내면이 무너지기 쉽다.

나는 한국 교회를 지탱하는 것은 작은 교회라고 생각한다. 작은 교회들이 내실 있게 한국 교회를 받쳐주기 때문에 한국 교회가 유지되는 것이다. 이 작은 교회들을 살려야 하고, 작은 교회들이 긍지를 가질 수 있어야 한다. 이런 교회들이 "우리는 하나님의 형통의 복을 받았다"라고 고백할 수 있도록 마음을 모아 기도해야 하는 것이다.

옛날 어른들이 즐겨 부르던 찬양, 끼니를 걱정해야 할 만큼 가난한 상황 속에서도 우리 조상들이 눈물로 부르던 찬양이 무엇인가?

> 높은 산이 거친 들이 초막이나 궁궐이나
> 내 주 예수 모신 곳이 그 어디나 하늘나라
> 할렐루야 찬양하세 내 모든 죄 사함 받고
> 주 예수와 동행하니 그 어디나 하늘나라
> **내 영혼이 은총 입어**(새찬송가 438장)

바로 이것이 형통이다. 넓은 평수의 초호화아파트에 살지만 하나님과 함께하지 않아 불안하고 두렵고 날마다 죽음의 공포에 떨며 고아처럼 부르짖는 사람이 형통한 사람인가? 아니면 지하 단칸방에 살더라도 하나님의 내재하심을 경험하며 하나님과 동행하는 사람이 형통한 사람인가? 우리는 도대체 어떤 인생을 원하는가?

남의 꼬리가 되더라도

어린 시절 우리 어머니가 날마다 해주시는 두 가지 기도가 있었는데, 하나는 앞에서 이야기했듯이 내가 요셉과 같은 인물이 되게 해달라는 기도이고, 다른 하나는 내가 남의 머리가 되고 꼬리가 되지 않게 해달라는 기도였다(신 28:13). 어떤 날은 "하나님, 우리 아들 찬수가 남의 머리가 되고 꼬리가 되어 밟히지 않게 해주세요"라고 기도하기도 했다.

이런 어머니의 간절한 기도가 응답되어 남의 머리 노릇을 한다고 할 수 있는, 분당에서 제법 알려진 교회의 담임목사가 되었다. 그런데 지금 생각해보면 그때 어머니께서 나를 위해 기도하실 때, 한마디만 덧붙여주셨으면 얼마나 좋았을까 싶다.

"하나님, 우리 아들 찬수가 남의 머리가 되고 꼬리가 되지 않게 해주세요. 그러나 그리 아니하셔서 남의 꼬리가 되어 살지라도 하나님을 두려워하고, 의식하며, 경외하는 하나님의 아들이 되게 해주세요."

남의 머리가 되고 보니 내 안에서 자꾸 욕망이 꿈틀거린다. 유명해지고 싶은 것이다. 한국 교회를 대표하는 목사가 되고 싶은 것이다. 나는 분당우리교회의 수많은 성도들을 섬기는 것보다, 나 한 사람 돌보는 것이 더 힘든 사람이다. 어떨 때는 내가 지금 남 걱정하게 생겼나 싶을 때가 있다. 새벽마다 조국 교회와 민족 복음화를 위해 기도해야 되는데, 어떤 날은 내가 기도하는 내용의 대부분이 초등학생이 하는 기도이다.

"하나님, 오늘도 제가 무사히 하루를 보내게 해주세요. 헛말이 나오지 않게 해주세요. 편견 없이 다른 사람을 대하게 해주세요."

내가 왜 이런 기도를 할 수밖에 없는가? 여전히 기초가 약하기 때문이다. 덩치만 큰 어린아이 같은 모습이다. 그렇기 때문에 나는 늘 더 하나님 앞에 엎드릴 수밖에 없다. 내 연약함을, 나의 기초 없음을 도와주실 분은 오직 하나님 한 분밖에 없기 때문이다.

우리 어머니가 나를 위해 기도해주실 때, 무조건 남의 머리만 되게 해달라고 기도하지 않으시고 그리 아니하실지라도, 즉 비록 남의 꼬리가 되더라도 하나님이 함께하시며 하나님을 경외하는 사람이 되게 해달라고 기도해주셨다면, 내가 얼마나 우군을 만난 듯 힘을 얻었겠는가.

우리는 자녀를 위해 기도할 때, 자녀들이 요셉처럼 고난과 역경을 만날지라도 하나님과 동행하는 진정한 형통의 자녀가 되게 해달라고 기도해야 한다. 반드시 그런 기도가 필요하다.

둘째, 하나님께서 말씀하시는 형통은 환경을 초월하는 능력을 나타내는 것이다. 많은 경우 우리는 성경을 제멋대로 해석하는 경향이 있다. 자신에게 유리한 대로 성경을 풀이하는 것이다.

우리는 대개 성경이 말하는 능력을 모두 '탁월(卓越)'함으로만 생각한다. 탁월함도 성경에 많이 나오는 능력이지만, 이보다 더 많이 나오는 능력은 '초월(超越)'함이라는 사실을 알아야 한다.

식당 같은 곳에 가장 많이 붙어 있는 성경 구절이 무엇인가?

내게 능력 주시는 자 안에서 내가 모든 것을 할 수 있느니라 빌 4:13

식당 주인이 이 구절을 벽에 붙일 때, 무엇을 기대하며 붙였겠는가? 아마도 이 구절에 나오는 '능력'을 '탁월함'으로 생각하고 붙였을 것이다. 그런데 나는 벽에 붙어 있는 이 문구를 보면 종종 간담이 서늘해지곤 한다. '아, 저 주인은 뒷감당을 어떻게 하려고 저 말씀을 벽에 붙여놨을까?' 하는 생각이 든다.

이 말씀을 앞 구절과 연결하여 살펴보자.

내가 궁핍하므로 말하는 것이 아니니라 어떠한 형편에든지 나는 자족하기를 배웠노니 나는 비천에 처할 줄도 알고 풍부에 처할 줄도 알아 모든 일 곧 배부름과 배고픔과 풍부와 궁핍에도 처할 줄 아는 일체의 비결을 배웠노라 내게 능력 주시는 자 안에서 내가 모든 것을 할 수 있느니라 빌 4:11-13

여기서 말하는 '능력'은 식당 주인이 생각하는 '탁월함'이 아니다. 내가 배운 비결, 즉 배부름과 배고픔과 풍부와 궁핍에도 처할 줄 아는 일체의 비결을 가지고 내게 능력 주시는 자 안에서 내가 모든 것을 할 수 있다는 의미이다. 곧, 여기서 말하는 능력은 모든 상황을 이기는 '초월'이다.

따라서 식당 주인이 이 빌립보서 4장 13절 말씀을 식당 벽에 붙임으로써 의미하게 되는 것은, 나는 어떤 상황에 처하든지 그것을 초월하는 능력이 있기 때문에 괜찮다는 것이다. 다시 말해, 식당이 망해도 아무 상관이 없다는 의미이다. 그러나 본래 그 주인이 의도한 바는 그게 아닐 것이다. '주변의 모든 식당은 다 망해도 우리 식당은 망하지 않을 줄 믿습니다'라는 마음이었을 것이다. 이는 성경에서 말하는 초월의 능력을 탁월의 능력으로 오해한 데서 비롯되는 일이다.

이와 비슷한 오해에서 비롯된 재미있는 에피소드가 있다.

한 연인이 식당에 갔다. 그런데 벽에 사자성어 새옹지마(塞翁之馬)가 한자로 써 걸려 있었다. 이것을 본 여자가 남자에게 "오빠, 저게 무슨 글자야?"라고 물어봤다. 이 사자성어가 뒤에 두 한자는 쉬운데 앞 두 한자는 조금 어렵다. 이 남자가 가만히 생각하더니 이렇게 대답했다고 한다.

"남기지마."

우리는 이런 식으로 한 부분만 보고 성경 본문이 말하고자 하는 전체적인 의미를 오해할 때가 있다.

네 시작은 미약하였으나 네 나중은 심히 창대하리라 욥 8:7

할 수 있거든이 무슨 말이냐 믿는 자에게는 능히 하지 못할 일이 없느니라 막 9:23

내게 능력 주시는 자 안에서 내가 모든 것을 할 수 있느니라 빌 4:13

성경 구절에 나오는 이런 능력을 우리가 자꾸 탁월함으로, 일등으로, 최고로, 실패가 없는 것으로 해석하다 보니 한국 교회에 부작용이 심각하게 생겼다. 성도나 목사나 모두 마찬가지이다. 기독교가 유약한 신앙인들이 양산되는 종교가 되어버린 것이다. 마치 다음과 같은 이치이다.

몇 년 전, 초등학교 1학년 때부터 전교 1등을 놓쳐본 적이 없는 여학생이 고등학교 2학년 때 처음으로 전교 2등을 했다. 이것이 그 여학생에게는 너무 큰 충격이었다. 결국 이를 견디다 못한 여학생은 투신자살을 하고 말았다. 이 아이의 문제가 무엇인가? 탁월함만, 1등만 추구하다 보니 2등은 상상할 수도 없게 된 것이다. 보통 사람에게는 전교 2

등도 꿈의 등수인데, 이 여학생에게는 견딜 수 없는 수치(羞恥)로 다가온 것이다. 이것이 모두 탁월함만 추구하다 생긴 부작용이다.

이와 비슷한 부작용이 오늘날 우리 한국 교회 성도들에게도 있다. 감옥에서도 상처받지 않는 요셉과 같은 '초월의 능력'이 있어야 하는데, 우리는 너무 탁월함만 추구한다.

상처 준다고 그걸 받아왔니?

요셉의 특이한 점이 무엇인가? 바로 '상처가 없다'는 것이다. 어릴 때부터 형제들에게 핍박받고, 인신매매 당하고, 강간 미수범으로 누명을 쓰고 감옥에 갔으며, 감옥에 가서도 관리들에게 배신을 당해 2년 동안 세상에서 잊혀진 세월을 보냈는데 요셉에게는 상처의 흔적이 없다. 이유가 무엇인가? 요셉은 진정한 형통의 복을 누렸기 때문이다.

그런데 오늘날 우리는 너무 약하다. 청소년 사역을 하는 10년 동안 아이들이 걸핏하면 상처를 받았다고 나를 찾아왔다. 상처받는 이유도 여러 가지이다. 설교가 조금만 길어도 힘들고, 조금만 재미없어도 괴롭다. 청소년 사역을 할 때는 아이들 뒷바라지하고 달래는 데 많은 시간과 에너지가 들어갔다.

그런데 이제 어른 목회를 해보니 아이들 삐치는 것을 달래는 것은 일도 아니었음을 깨닫게 되었다. 아이들은 삐치는 것이 단수가 좀 얕은데, 어른들은 너무 복잡하다. 어떨 때는 눈빛만 조금 이상해도 이분이 또 마음이 상했나 싶다.

한 번은 우리 아이가 초등학교 저학년 때, 학교에 갔다 울면서 집에 돌아왔다. 하도 크게 "엉엉" 소리를 내며 울기에 이유를 물어봤더니, 같은 반 남자아이가 자신에게 상처를 주었다는 것이다. 그래서 내가 뭐라고 말했는지 아는가?

"너 그거 준다고 받아왔니? 뭐 하러 받아왔어? 내일 다시 학교에 가면 그거 돌려주고 와."

아이는 내가 무슨 뜻으로 말했는지 못 알아들었을 수도 있지만, 우리는 이해할 수 있다. 주는 대로 다 받아와서는, 그리고 나서 자신만 상처받았다고 해서는 안 된다.

형통의 개념이 바뀌고, 축복의 개념이 바뀌고, 능력의 개념이 바뀌어야 한다. 우리가 구하는 능력은 환경을 초월하는 능력이다.

우리 조상들은 이런 능력을 얼마나 풍성하게 가지고 있었는가. 매 끼니를 걱정해야 하는 보릿고개를 지나면서도, 쌀독에 쌀이 떨어지는 상황에서도 하나님을 찬송하며 절대로 빼앗기지 않는 평강, 환경을 초월하는 능력을 가지고 살았다.

그런데 지금은 이에 비해 얼마나 많은 것을 누리고 있는가? 그러면서도 날마다 상처받았다고, 날마다 부족하다고 앓는 소리이다. 그 이유가 무엇일까? 오늘날 사람들이 추구하는 사이비 형통의 부작용 때문이다. 하나님의 내재하심의 형통을 추구하면 이런 환경을 초월하는 능력을 갖게 될 것이다.

형통은 다른 사람을 유익하게 한다

셋째, 하나님께서 말씀하시는 형통은 그 형통의 결과가 다른 사람들을 유익하게 한다.

그러나 세상이 말하는 형통은 나 자신에게로 귀착된다. 텔레비전 광고를 보면 하나같이 이렇게 말한다.

"이 아파트에서 살고 싶지 않으세요? 이 아파트에서 살면 행복해질 것입니다."

"이 차를 타고 싶지 않으세요? 이 차를 몰면 짜릿한 행복이 찾아올 것입니다."

자본주의 사회에서 모든 종착은 나 자신이다. 따라서 세상이 말하는 형통의 복은 내가 잘 먹고 잘사는 것이다. 그런데 성경이 말하는 형통은 내가 형통하면 이 형통의 복을 내 주변 사람이 받아 누린다는 것이다. 창세기 39장 5절을 살펴보자.

그가 요셉에게 자기의 집과 그의 모든 소유물을 주관하게 한 때부터 여호와께서 요셉을 위하여 그 애굽 사람의 집에 복을 내리시므로 여호와의 복이 그의 집과 밭에 있는 모든 소유에 미친지라 창 39:5

여호와께서 누구를 위하여 누구의 집에 복을 내리시는가? 요셉을 위하여 애굽 사람의 집에 복을 내리신다. 그리고 그 복이 누구에게까지 미치는가? 애굽 사람의 집과 밭에 있는 모든 소유에 영향을 준다. 재미있지 않은가? 우리 상식으로는 여호와께서 요셉을 위하여 누구에게 복을 내려야 하는가? 당연히 요셉이다. 그런데 성경에서는 요셉을 위하여 그의 주변 사람들에게 형통의 복이 내려진 것이다. 이것이 성경이 말하는 형통의 결과이다.

오늘날 우리는 너무 어긋난 신앙생활을 하고 있다. 내가 형통의 복을 받으면 그 모든 열매는 나를 위한 것이길 원한다. 그렇기 때문에 우리가 은혜 받았다고 말하면서도 그 모습은 엉터리일 때가 많다. 은혜 받는다는 것이 무엇인가? 갑자기 가슴이 뜨거워지고 그동안 막혀 있던 것들이 다 풀린 것처럼 시원해지며, 또 눈물이 비 오듯 쏟아지는 것이 은혜 받은 것일까? 그것은 은혜 받은 것일 수 있고 아닐 수도 있다.

은혜 받아 남 주자!

청소년 사역을 할 때 보면 아이들이 순수하다 보니 조금만 분위기가 무르익으면 기도가 뜨거워진다. 아이들이 얼마나 뜨겁게 회개와 결단의 기도를 드리는지 모른다.

한번은 모 교회 고등부 연합 수련회 강사로 초청돼 수련회를 인도한 적이 있는데, 정말 대단했다. 그 교회는 어릴 때부터 기도 훈련을 얼마나 강하게 시키는지, 설교가 끝나고 "이제 우리 기도하겠습니다"라고 하니 집회 장소를 꽉 채운 수많은 아이들이 30분이 넘도록 쉬지 않고 기도했다. 한 가지 더욱 놀라웠던 것이 기도가 시작되면 등장하는 '들것 조'이다. 이들의 역할은 기도를 하다 쓰러지는 친구들을 실어 나르는 것이다. 아이들이 얼마나 기도를 열정적으로 하는지 중간에 픽픽 쓰러지기 때문이다.

이처럼 아이들의 회개와 기도가 뜨거운데, 특히 청소년 수련회 마지막 날에는 그 은혜의 감격이 가장 뜨겁다. 이때 수많은 결단이 이루어진다. 한번은 청소년 연합수련회를 인도하는데, 한 남자 아이가 뚜벅뚜벅 앞으로 걸어 나와 "목사님, 잠시만 실례하겠습니다" 하더니 마이크를 가로채 이렇게 말했다.

"여러분, 나는 골초입니다."

그런 다음, 담배를 꺼내더니 그 자리에서 다 꺾어버리는 것이다. 그때 우레와 같은 박수 소리가 났다. 한번 상상해보시기 바란다. 그 은혜의 열기가 얼마나 대단했겠는가.

그런데 나는 항상 마지막 순간, 열기가 가장 고조되었을 때 찬물을 끼얹는다. 내 이름이 달리 찬 수(水)이겠는가.

"너희들 정신 차려라. 이것 가지고 지금 은혜 받았다고 생각하면 착각 중의 착각이다. 지금 가슴이 뜨거워졌다고 눈물 좀 흘렸다고, 그것을 은혜 받았다고 생각하면 대단한 착각이다. 누가 진짜 은혜 받은 사람인 줄 아느냐? 너희가 진짜 은혜를 받았는지 못 받았는지는 오늘 저녁 수련회를 마치고 집에 가서 너희의 부모님이 심사위원이 되어 판단하실 것이다. 너희가 진짜 은혜 받았고 변화 되었으면 그 은혜 받은 혜택을 너희 부모님이 반드시 누려야 한다. 그렇지 못하면, 그 은혜는 가짜이다."

청소년기에는 감정 충동이 얼마나 격렬한가? 수련회 때 담배 꺾는 아이들 대부분이 3일 안으로 다시 담배를 핀다. 그때 버린 담배를 아까워하면서 말이다.

이제 우리가 가지고 있는 은혜의 개념을 바꿔야 한다. 내가 은혜 받았다면 그 은혜의 혜택을 나와 가장 가까운 남편, 아내, 자식, 시부모님, 며느리가 누려야 한다. 그렇지 않으면 그 은혜는 가짜이다.

하나님께서 말씀하시는 형통의 복은 자신의 복을 자신의 주변 사람들이 받아 누리는 것이다. 그래서 나는 청소년 사역을 하면서 아이들에게 이런 구호를 외치게 했다.

"공부해서 남 주자. 돈 벌어서 남 주자. 은혜 받아 남 주자."

우리는 너무 잘못된 세뇌를 받아왔다. 부모님으로부터 "공부해서 남 주느냐"라는 야단을 들으며 자랐다. 우리는 공부해서 남 주고 은혜 받아서 남 주는 인생이 되어야 한다. 은혜 받을수록 더 탐욕적이 되고, 더 남을 무시하고, 더 폐쇄적이 되는 것은 잘못된 것이다. 은혜 받으면 남 주는 것이다. 은혜 받으면 베푸는 것이다.

은혜의 열매를 누가 누리고 있는가?

이런 측면에서 보자면 예수님 믿는 주부들이 변해야 한다. 예수님을 열심히 믿는 일부 주부들 중에는 조금만 은혜를 받으면 기도원으로 달려간다. 그래서 아이가 학교에 갔다가 돌아와 엄마에게 전화를 걸면 이렇게 말한다.

"엄마 지금 기도원이니까 점심은 자장면 시켜 먹어."

또 남편이 퇴근해 전화를 걸어도 이렇게 대답한다.

"여보, 내가 지금 정말 큰 은혜를 받고 있어서 이 변화산에서 떠나고 싶지가 않아. 저녁은 아이들과 자장면 시켜 먹어요."

주부들이 은혜 받을수록 가족들은 자장면 먹는 날이 늘어나는 사태가 벌어진 것이다.

주부들이 진짜 은혜를 받으면 기도원에 가는 것에 앞서, 가정을 챙겨야 한다고 생각한다. 나는 주부들이 주중에는 특별한 일 없이 교회에 나오는 것을 좋아하지 않는다. 그래서 아무 일 없이 교회에 와 시간을 보내는 주부들을 보면 이렇게 이야기한다.

"집사님이 목회하시는 것도 아닌데 왜 이렇게 교회에 자주 오십니까? 교회는 목사가 지킬 테니 집사님은 가정을 지키십시오."

교회에 나오는 것을 정죄하는 것이 아니다. 은혜를 받으면 그 은혜의 열매가 내게만 머무는 것이 아니라 주변에게로 흘러가야 한다는 말이다. 우리는 은혜를 받을수록 주변 사람을 더 의식하고 배려해야 한다. 자신이 하고 싶은 일이 다른 사람에게 유익하지 않다면 절제해야 한다. 진정한 성도라면 절제의 자리에까지 나아가야 한다.

"우리 아내가 예수를 믿더니 불같던 성격이 완전히 바뀌어서 지금은 천사처럼 온유한 성격이 됐어요. 그 예수가 도대체 어떤 분인지는 모르지만, 우리 아내 성격이 바뀌는 것을 보니 무언가 대단한 분이긴

한 것 같아요."

믿지 않는 남편의 입에서 이런 고백이 나와야 한다. 남편들도 마찬가지이다. 동네 아줌마들한테는 친절하면서 자신의 아내는 무시하고 상처를 주는 남편들이 많다. 은혜 받은 남편들이여, 주먹으로 때리는 것만이 폭력이 아니다. 언어폭력의 상처가 더 클 수 있다. 말로 아내를 힘들게 했던 지난날을 회개하고 이제 달라져야 한다. 내가 받은 형통의 복, 은혜의 복을 아내가 누리고 남편이 누리고 자녀가 누리게 되는 일이 우리의 가정 가운데 일어나야 할 것이다.

주께 하듯 하라

나는 일 년에 한두 번은 외국 집회에 간다. 몇 년 전, 밴쿠버 교민 집회에 갔는데 시차가 안 맞아 새벽 3시까지 잠을 이루지 못했다. 나는 잠의 축복을 받은 사람이다. 베개에 머리를 대고 딱 5분만 있으면 잠이 든다. 그런데 그 날은 아무리 노력해도 잠이 안 오는 것이다. 그래서 비행기에서 읽으려고 가져온 《나는 정직한 자의 형통을 믿는다》(규장 간)라는 책을 읽기 시작했다. 이 책은 코스타 명강사들의 글을 모은 것인데, 그중 김동호 목사님의 글을 읽고 큰 은혜를 받았다.

하루는 이 목사님이 김천에서 설렁탕을 파는 성도의 가게에 심방을 갔는데, 이 성도가 이렇게 말했다고 한다.

"목사님, 제가 비록 설렁탕 파는 사람이지만, 예수님을 대접하는 마음으로 설렁탕 한 그릇 한 그릇을 정성스럽게 만듭니다."

그 말을 듣고 보니 정말 그 집에서는 최고급 재료만 사용하고 있었다. 제일 비싼 소뼈를 사서 24시간을 꼬박 고아 손님에게 진국 설렁탕을 대접했다.

그러던 어느 날 뼈를 고는데, 고을수록 뽀얀 우윳빛 국물이 나와야하는 최고급 뼈에서 누런 국물이 나오는 것이다. 이상하게 생각하고 거래처에 전화를 했더니 너무 당황해하면서, 물건이 잘못 갔다는 것이다. 그러면서 하는 말이 오늘 하루만 커피에 타 먹는 크림을 좀 넣어 국물을 뽀얗게 만들라는 것이다.

예수 잘 믿는 그 성도가 어떻게 했겠는가? 그날 하루 가게 문을 닫았다. 그리고 입구에 이렇게 써 붙였다.

"오늘은 재료가 좋지 않아 영업을 할 수 없습니다."

새벽에 이 책을 읽는데 눈물이 쏟아지기 시작했다.

'나는 이런 마음으로 목회를 하고 있는가? 우리 성도들에게 좋은 것을 주기 위하여 가장 좋은 재료를 가지고 설교하고 있는가? 성도들을 예수님 섬기는 마음으로 섬기고 있는가?'

나는 고작 시차 때문에 잠을 못 자고 고생하고 있는데, 그것도 3일만 버티면 저절로 사라지는 불면증인데, 우리 성도 중에는 사업 부도로 몇 개월째 불면의 밤을 보내는 집사님이 계셨다. 심지어는 2년 째 불면증을 겪는 어르신도 계셨다. 성도 한 가정 한 가정을 만나보면 눈물 없이 들을 수 없는 어려움과 문제를 가진 분들이 너무 많다. 그날 나는 과연 그들의 아픔을 진정으로 이해하고 있었는가 하는 생각에 가슴이 아팠다. 그래서 그 새벽에 자리를 고쳐 앉고 하나님께 기도했다.

"하나님, 이분처럼 목회하게 해주세요. 예수님을 섬기는 마음으로 성도 한 사람 한 사람 정성을 다해 목회하게 해주세요."

예수 잘 믿는 한 사람이 예수님께 대접하는 마음으로 설렁탕을 준비하니, 인근의 많은 사람이 진국 설렁탕을 먹으며 그 복을 받아 누리는 것이다. 요셉을 위하여 요셉의 주변 사람들이 복을 받아 누리는 것처럼 말이다.

지금 우리의 모습은 어떠한가? 직장 동료가 나로 인해 형통의 복을 누리고 있는가? 예수 안 믿는 시댁이 나로 인해 혜택 누리고 있는가? 혹시 골치 아픈 예수쟁이 며느리가 들어와서 제사 지낼 때마다 집안을 시끄럽게 만든다고 하지는 않는가? 믿지 않는 시댁에서 죽은 조상을 섬기지 않으려면 살아 있는 부모님을 예수 안 믿는 다른 사람보다 두세 배는 더 잘 섬겨야 한다. 적어도 예수 믿는 우리 며느리가 나한테 이렇게 잘하는 것을 보면 그 예수의 가르침이 옳은 것 같다는 생각이 들도록 행동해야 한다.

예수 믿는 것은 마부 노릇을 더 잘하는 것

우리나라에 처음 복음이 들어왔을 때, 주로 천민들이 예수를 믿었다고 한다. 그중 예수를 신실하게 잘 믿는 마부 한 명이 자신이 모시고 있는 왕손에게 복음을 전하고 싶어 기회를 엿보고 있었다. 그러던 어느 날 좋은 기회가 왔다. 그 마부가 왕손을 모시고 지방으로 내려가게 된 것이다. 이 기회를 놓치지 않고 마부가 왕손에게 복음을 전하며 "나리, 예수 믿으시지요?"라고 권했다.

그랬더니 왕손이 어이가 없다는 듯이 마부를 바라보며, 이렇게 비아냥거렸다.

"야, 이 놈아, 네까짓 상놈이 예수 잘 믿으면 누가 양반이라도 시켜준다더냐?"

이 말을 들은 마부의 대답이 평생에 잊을 수 없는 메시지가 되었다.

"나리, 예수 믿는 도리는 그런 것이 아닙니다. 제가 예수 더 잘 믿으면 마부 노릇을 더 잘해야 합죠."

오늘날 우리가 하나님께 투정하듯 구하는 것이 무엇인가? 하나님 앞에 나와서 "제가 이렇게 예수님을 잘 믿는데, 언제 왕손 시켜줄 것입니까?" 하는 것 아닌가? 그런데 믿음의 도리는 그런 것이 아니다. 예수 잘 믿으면 마부 노릇 더 잘해야 하는 것이다. 우리는 우리가 원하는 형통의 복이 아니라 하나님이 원하시는 형통의 복을 누려야 한다. 그래서 마부 노릇 더 잘하는 우리가 되어야 한다. 우리가 마부 노릇을 잘 감당할 때 하나님의 깊은 위로가 있을 것이다.

우리는 우리의 가정을 위해, 교회를 위해 마부 노릇을 더 잘하겠다고 결단해야 한다. 내가 마부 노릇을 더 잘하면 내 자녀들이 왕손 대접을 받을 것이다. 내 남편과 아내가, 내 이웃이 왕손 대접을 받을 것이다.

하나님께 진정으로 형통한 사람이 되게 해달라고 구하는 우리가 되길 바란다. 또한 내가 받은 이 형통의 복을 우리 가족에게 우리 교회에게 또한 한국 교회와 한국 사회로 흘려보내는 자가 되게 해달라고 구하는 그리스도인이 되길 기도한다.

chapter 05

기쁨의 비결은
하나님과의 관계 회복에 있다

주 안에서 항상 기뻐하라 내가 다시 말하노니 기뻐
하라 너희 관용을 모든 사람에게 알게 하라 주께서
가까우시니라 아무것도 염려하지 말고 다만 모든
일에 기도와 간구로, 너희 구할 것을 감사함으로 하
나님께 아뢰라 그리하면 모든 지각에 뛰어난 하나
님의 평강이 그리스도 예수 안에서 너희 마음과 생
각을 지키시리라

빌 4:4-7

빌립보서 말씀은 참 묘하다. 빌립보서에서 사도 바울은 "항상 기뻐하라"(빌 4:4)라고 말한다. 감정이란 자신이 좋으면 기쁜 것이고 힘들면 슬픈 것이며, 누가 잘해주면 저절로 호감이 가고 누가 기분 나쁘게 하면 불쾌한 것이 아닌가? 물 흐르듯 자연스러운 것이 감정일 텐데 사도 바울은 항상 기뻐하라고 말한다.

우리가 신앙생활을 하면서 추구해야 하는 한 가지가 항상 기뻐하는 것이다. "항상 기뻐하라"라는 말이 의미하는 것이 무엇일까?

온도계와 온도 조절기의 역할에 대해 생각해보자. 온도계는 현재 기온을 알려주는 역할밖에 하지 않는다. 그런데 온도 조절기는 내가

70도로 온도 조절을 결정했으면, 눈이 오든 바람이 불든 햇빛이 쏟아지든 관계없이 70도를 유지한다.

우리의 인생에도 온도계 같은 인생이 있고 온도 조절기 같은 인생이 있다. "항상 기뻐하라"와 같은 말씀들은 온도계 같은 인생이 되지 말고, 온도 조절기 같은 인생이 되라는 권면이다. 이렇게 권면한 바울 역시 온도 조절기 같은 인생을 살았다. 바울은 추우면 추워하고 더우면 더워하며 환경을 조금도 바꿀 수 없는 무기력한 온도계 같은 삶이 아니라, 어떤 상황에서도 자신의 기쁨을 유지하겠다고 결정하는 온도 조절기 같은 삶을 살았다. 그는 원수들이 아무리 자신을 모함하고 위협하여도 마음속에 있는 평강과 기쁨을 빼앗기지 않았다.

우리도 온도 조절기 같은 삶을 살아야 한다. 어떤 상황에서도 기뻐하기로 결단하면 누구도 그것을 움직일 수 없는 인생이 되어야 한다.

다른 사람에게 관대하라

이처럼 어떤 상황에서도 요동하지 않고 행복을 유지하기 위해서는 어떻게 해야 할까?

첫째, 대인 관계를 회복해야 한다. 사도 바울이 "주 안에서 항상 기뻐하라 내가 다시 말하노니 기뻐하라"(빌 4:4)라고 말한 다음, 뭐라고 말하는가?

너희 관용을 모든 사람에게 알게 하라 주께서 가까우시니라 빌 4:5

이 구절을 쉬운 성경으로 보면 다음과 같다.

여러분이 선하고 친절하다는 것을 모든 사람이 알도록 행동하십시오. 주님께서 곧 오실 것입니다.

항상 기뻐하라고 권면하던 바울이 뜬금없이 이웃에게 친절하고 관대한 삶을 살라고 말한다. 이것이 무엇을 의미하는가? 우리가 진정으로 기쁨을 누리고 행복해지기 위해서는 이웃과의 관계에서 너그럽고 관대한 태도를 가져야 한다는 의미이다.

이것이 성경이 말하는 '행복학'과 세상이 말하는 '행복학'의 차이이다. 세상이 우리에게 가르치는 행복의 비결은 무엇인가? 내가 행복하기 위해서는 내가 가지고 누려야 한다는 것이다. 그리고 그러기 위해서는 다른 사람과의 관계가 깨지는 것을 두려워해서는 안 된다고 말한다. 때로는 남을 밟기도 하고, 눈물을 흘리게 해서라도 내가 무엇인가를 쟁취해야만 행복할 수 있다고 가르치는 것이 세상의 행복학이다.

그런데 성경은 지금 네가 행복하기 원한다면 다른 사람에게 친절하게 대하고 관용을 베풀라고 말한다.

국민가수 조용필 씨의 노래 중 내가 참 좋아하는 노래인 '큐'(Q)라는 곡이 있는데, 거기에 이런 가사가 나온다.

너를 용서 않으니 내가 괴로워 안 되겠다.

나의 용서는 너를 잊는 것.

나는 목회를 하면서 이 가사를 자주 되뇐다. 언젠가 아침 프로그램을 보는데, 한 여성이 모습을 가리고 음성 변조를 한 채 나와서 이야기를 하고 있었다. 이 여성은 초등학교 시절 구멍가게 아저씨에게 상습적으로 성폭행을 당했다. 어린 시절에는 그것이 무엇을 의미하는지 잘 모르다가 사춘기가 되면서 그 아저씨에 대한 분노가 솟구치기 시작했다. 그 생각을 하면 피가 끓고, 꿈을 꾸면 자신이 그 아저씨를 칼로 난도질하고 있었다고 한다. 이것이 마음속에 계속 쓴뿌리로 자리 잡아 남자는 모두 믿을 수 없게 되었다고 한다.

그런데 어느 날 정신을 차리고 봤더니 자신이 그토록 증오하고 저주하던 그는 아무 일 없는 듯이 멀쩡하게 잘 지내고 있는데, 자신만 계속해서 상처 받고 있더라는 것이다. 그러면서 매우 중요한 이야기를 했는데 조용필 씨의 노래 가사처럼 그 사람을 용서하기로 했다는 것이다. 자신이 할 수 있는 최대의 용서는 자신의 마음에서 그를 내보내는 것이라고 했다. 그를 저주하는 것이 그 사람에게는 조금도 나쁜 영향을 미치지 못하는데, 자신에게는 엄청난 불행을 안겨주고 있음을 깨달은 것이다.

빌립보서 4장 4절 말씀처럼 항상 기쁘기 위해서는 어떻게 해야 할까? 다른 사람을 용서하고 관용을 베풀어야 한다.

대부분 사람의 대인 관계를 볼 때 자신을 편들어주고 위로해주고 격려해주는 사람이 약 95퍼센트이고, 자신을 괴롭히고 모함하고 질투하는 사람이 약 5퍼센트라고 한다. 그런데 인간의 미련한 점이 무엇인 줄 아는가? 그 5퍼센트에 생각의 95퍼센트를 쏟는다는 것이다.

목회도 마찬가지이다. 돌아보면 나를 힘들게 하는 사람은 소수이고, 나를 이해하고 배려하며 도와주는 사람이 다수이다. 그런데 내 마음은 그 5퍼센트의 소수에게 95퍼센트 머무는 것이다.

나는 신앙생활을 하는 우리 모두가 그 5퍼센트에 집중하느라 더 중요한 것을 잃지 않기 바란다. 또한 내가 누군가에게 그 5퍼센트의 역할을 하고 있지는 않은지 되돌아보고, 이제 95퍼센트로 옮겨가는 은혜가 있기를 바란다.

하나님과의 관계가 최우선이다

둘째, 우리가 항상 기쁘기 위해서는 하나님과의 관계가 회복되어야 한다. 이것이 가장 중요하다. 사람들과의 관계만 좋아서는 진짜 기쁨을 누릴 수 없다.

청소년 사역을 할 때 보니, 아이들이 학교에서 소위 일진이라고 하는 패거리에 찍히면 전학을 가는 수밖에 없다. 무슨 수를 써도 소용이 없다. 그런데 일진 그룹끼리 네트워킹이 되어 "누구 누구가 너희 학교로 간다. 손 좀 봐줘라" 하면 그 학생은 전학을 가서도 적응하지 못하는 모습을 종종 봐왔다.

그때 내가 깨달은 것이 학교를 장악하고 있는 일진에게 찍혀도 생활이 힘든데, 우주의 주인 되시는 하나님과의 관계가 깨지면 인간은 절대 행복할 수 없다는 사실이다.

저주가 무엇인지 아는가? 타락이 무엇인지 아는가? 창세기 3장을 살펴보자. 아담과 하와가 하나님과 관계가 좋았을 때는 동산의 모든 것을 다스렸다. 그러나 죄를 범한 다음 하나님께서 아담을 찾으셨을 때, 그가 어떻게 하였는가? 하나님의 음성과 낯을 피해 동산 나무 사이로 숨었다. 하나님의 낯을 피해 숨은 것, 바로 그런 상태가 타락이며, 하나님이 두려운 상태가 바로 저주이다.

> 그들이 그 날 바람이 불 때 동산에 거니시는 여호와 하나님의
> 소리를 듣고 아담과 그의 아내가 여호와 하나님의 낯을 피하여
> 동산 나무 사이에 숨은지라 창 3:8

모든 일에 기도와 간구로
그렇다면 하나님과의 관계를 회복하기 위해 필요한 것은 무엇일까? 첫째로 기도의 능력을 경험해야 한다.

> 아무것도 염려하지 말고 다만 모든 일에 기도와 간구로, 너희
> 구할 것을 감사함으로 하나님께 아뢰라 빌 4:6

이 본문을 보면서 발견한 것은, 인생은 둘 중에 하나를 선택할 수밖

에 없다는 것이다. 한 가지는 평생 환경에 갇혀서 염려하고 두려워하며 사는 것이고, 다른 한 가지는 하나님께 기도하는 것이다. 성경은 아무것도 염려하지 말고 항상 기뻐할 수 있는 대안으로 기도를 제시했다.

지금까지 수많은 교회와 집회를 다니면서 내 안에 세워진 나만의 불문율이 있다. 하나는 그 교회에 가서 남의 교회 일에 간섭하지 않는 것이다. 또 다른 하나는 다른 교회 약점을 이야기하지 않는다는 것이다. 그런데 이 두 가지 룰을 다 깨트린 적이 한 번 있다. 서울 어느 교회에 연합집회 강사로 초청 받아 갔을 때의 일이다. 처음에 자리에 앉아 잠깐 기도를 하고 눈을 떴는데, 큰 플랜카드가 눈에 띄었다. 거기에는 이렇게 적혀 있었다.

"114 운동"

그래서 이것이 무언인가 하고 봤더니 '한 사람이(1) 한 사람씩(1) 전도하고 하루에 사분 씩(4) 기도하는' 운동이었다. 그런데 생각하면 할수록 마음이 불편했다. 한 사람이 한 사람을 전도하는 것은 그렇다고 치자. 그런데 하루에 고작 4분 기도하는 걸 운동이라고 붙여놓다니, 생각할수록 이건 아니다 싶었다. 하루 식사기도 세 번만 합쳐도 4분은 넘게 기도할 수 있지 않은가? 그래서 평생 처음으로 남의 교회에 가서 이런 소리를 했다.

"이 교회 성도님들에게 부탁이 있는데, 저 플랜카드를 좀 떼시던지 4를 40으로 고치시던지 하면 안 될까요?"

오늘날 한국 교회가 정말 위기이다. 우리가 피부로 느끼는 것보다 두 배 이상의 위기이다. 호화로운 여객선 타이타닉호의 침몰 전 상황이라 할 수 있겠다. 배에 물이 콸콸 새고 있다. 이러다가 배가 언제 가라앉을지 모른다. 나는 그 근본 원인 중 하나가 '114 운동'과 같은 정신에 있다고 생각한다. 기도와 기도의 능력이 간과되는 이 상황이 한국 교회를 망하게 하고 있다고 생각한다.

기도가 회복되지 않으면 어떤 것도 소용없다. 아무리 다른 좋은 것을 강조해도 기도를 강조하지 않는 교회는 강력할 수 없다. 부흥회 때 아무리 유명한 설교자가 와서 분위기를 뜨겁게 달궈도 기도가 약한 교회에는 그 은혜가 지속될 수 없다. 아무리 뛰어난 설교자의 설교를 많이 들어도 기도가 회복되지 않으면 능력이 나타날 수 없다.

기도를 강조하는 만큼 기도의 능력을 믿어라

어떤 교회 바로 옆에 술집이 하나 들어왔다. 그래서 그 교회가 불철주야 하나님께 그 술집을 없애달라고 기도했다. 그랬더니 그 술집이 진짜로 망해버렸다. 그런데 이 술집 주인이 교회를 고소해버렸다. 교회가 기도했기 때문에 자신들이 망했다는 것이다. 결국 재판까지 갔는데, 그 교회 담임목사가 피고석에 있고 술집 주인이 원고석에 있었다.

"이 교회가 기도하는 바람에 우리가 망했으므로 교회가 이에 대한 배상을 해야 합니다"

그러자 담임목사가 나와서 그 주인에게 이렇게 말했다.

"가게 운영을 잘못해서 망해놓고 왜 우리 탓을 합니까?"

"장사가 그렇게 잘되는 술집이었는데, 왜 갑자기 안 됩니까? 그게 다 당신네 교회가 기도해서 그런 것 아닙니까?"

"아니 기도한다고 어떻게 술집이 망합니까? 장사를 못해서 그런 거죠."

술집 주인은 기도해서 자신들이 망했다고 주장하고, 교회 담임목사는 어떻게 기도한다고 술집이 망할 수 있느냐며 싸움이 붙은 것이다. 이를 보던 재판장이 누가 교회 목사이고 누가 술집 주인인지 모르겠다고 했더라는 이야기다.

이 이야기가 우리의 현실이다. 입으로는 기도를 강조하면서도 실제로는 기도하지 않거나 기도의 능력을 믿지 않는다. 목사나 신앙생활을 오래한 성도들의 특징 중 하나가 인사할 때 할 말이 없으면 "기도하겠습니다" 하는 것이다. 이메일이나 편지를 주고받을 때도 마지막 부분에는 "기도하겠습니다"를 붙인다. 그런데 그러고 나서 한 일주일 뒤에 "진짜 기도했습니까?" 확인해보면 실제로 기도하는 사람은 거의 없다.

사도행전 12장에 재미있는 이야기가 나온다. 온 성도들이 모여 감옥에 갇힌 베드로가 풀려나게 해달라고 합심하여 기도했다.

이에 베드로는 옥에 갇혔고 교회는 그를 위하여 간절히 하나님께 기도하더라 행 12:5

그러자 성령의 능력으로 기적같이 베드로가 감옥에서 풀려났다. 베드로는 사람들이 모여 있는 마리아의 집으로 가 대문을 두드렸다. '로데'라는 여자 아이가 베드로의 음성을 듣고 기뻐하였으나 문을 미처 열지 못하고 달려 들어가 다른 이들에게 베드로가 이곳에 왔음을 전했다. 그랬더니 그들이 그 아이에게 무엇이라고 말했는가?

> 그들이 말하되 네가 미쳤다 하나 행 12:15

그들이 생각했을 때, 감옥에 갇혀 있는 베드로가 지금 어떻게 올 수 있느냐는 것이다. 그런데 그들이 조금 전까지 무엇을 놓고 기도하였는가? 베드로를 감옥에서 풀어달라고 기도했다. 그래서 정말 그 기도 응답으로 베드로가 풀려났는데, 그 소식을 알려주는 아이를 향해 "네가 미쳤다"라는 것이다. 이것이 무엇을 의미하는가? 바로 기도는 하는데 기도의 능력은 믿지 않는 것을 말한다.

내가 신학교에 들어갔을 때, 어느 날 성경을 보는데 요한복음 14장 12절 말씀이 눈에 확 들어왔다.

> 내가 진실로 진실로 너희에게 이르노니 나를 믿는 자는 내가 하는 일을 그도 할 것이요 또한 그보다 큰 일도 하리니 이는 내가 아버지께로 감이라 요 14:12

이 말씀이 몹시 당황스러웠다. 이것이 말이 되는가? 우리가 예수님보다 큰 일을 할 수 있다는 것이다. 예수님이 이 땅에 오셔서 행하셨던 일은 기본이고 더 큰 일도 우리가 할 수 있다는 것이다. 이 사실을 믿을 수도 없고 안 믿을 수도 없었다. 그래서 이게 어떻게 된 일인가 봤더니 그 전제가 13절에 있다.

> 너희가 내 이름으로 무엇을 구하든지 내가 행하리니 이는 아버지로 하여금 아들로 말미암아 영광을 받으시게 하려 함이라 요 14:13

교회에서 목사가 아무리 기적을 선포해도 놀라지 않는 사람이 있다. '목사님은 늘 저렇게 말씀하시니까' 하며 아무것도 기대하지 않는다. 또한 자신의 삶 속에서 하나님 없이는 설명할 수 없는 일들이 일어나지 않는 것에 조금도 놀라지 않는다. 왜 그러한가? 다른 사람들은 하나님의 은혜로 자녀가 달라지고 남편이 달라졌다고 간증하는데, 자신의 삶에는 아무 일도 일어나지 않는 것이 정상인 것처럼 느낀다. 이것이 지금 우리에게 너무나 만연한 무서운 마취 상태이다.

아버지가 심으신 기도의 씨앗

우리 가족은 나를 제외하고 모두 시카고에 산다. 어느 날 미국 집회를 마치고 시카고에 갔더니 누나가 믿어지지 않는 말을 했다. 자신은 어릴 때부터 아버지가 등을 바닥에 대고 주무시는 것을 본 적이 없다는 것이다. 아버지는 항상 새우잠을 주무셨으며, 또 기도하시다가 깜박 주무시다가를 반복하셨다는 것이다.

아버지께서 실제로 허리를 펴고 주무신 적이 없었겠는가. 어린아이의 눈에 그 장면이 각인이 되어 '우리 아버지는 항상 새우잠을 주무시는구나'라고 생각한 듯하다. 어찌됐든 우리 아버지는 그만큼 기도를 많이 하신 분이셨다.

그런데 아이러니하게도 우리 아버지는 성도 수가 100명이 넘는 목회를 해본 적이 없으시다. 교회가 부흥이 안 되었다. 또 그 작은 교회에 무슨 다툼이 그렇게 많이 일어나는지 이해할 수 없었다. 어느 날은 여성도들 사이에 다툼이 생겼는데 문제가 심각했는지 아버지가 짐을 싸 기도를 하기 위해 산으로 가셨다. 그리고는 40일 금식기도에 들어가셨는데, 물도 드시지 않으셨다고 한다. 불행하게도 아버지는 17일째 되던 날 금식기도 중에 돌아가셨다.

나는 스물세 살 때 미국으로 이민을 가서 서른 살에 한국으로 돌아왔다. 그때까지 어머니는 포기하지 않고 내가 목사가 되기를 기도하셨다.

"너는 목사가 되어야 한다. 네 아버지가 기도하시다 돌아가시는 영광을 누렸지만 너무 일찍 돌아가시는 바람에 목회의 열매를 거두지 못했다. 네가 그 일을 이어서 해야 되지 않겠니?"

어릴 때는 어머니의 이 말이 너무나도 듣기 싫었는데, 나이가 들면서 그 말이 나에게 의미 있게 다가왔다.

기도가 능력이다. 그 기도의 능력이 나 같은 고집불통도 꺾게 만들었다. 목사가 되겠다고 결단하는 데 특별한 이유나 계기가 없었다. 하던 사업이 이유 없이 망하면 '아, 주님이 부르시는구나'라고 생각할텐데, 대학을 졸업하고 시작한 사업은 오히려 기대 이상으로 잘됐다. 그런데 갑자기 석 달 만에 한국으로 돌아와 신학대학원 입학을 결정했다.

그뿐이 아니다. 내가 목회자가 된 이후에 인간적으로는 이해할 수 없는 일들이 펼쳐지기 시작했다. 나는 사랑의교회 옥한흠 목사님 말씀을 듣고 많은 은혜를 누렸기 때문에 그곳에서 사역하고 싶었다. 그러던 차에 사랑의교회에 '교육 전도사 모집' 공고가 났다. 그런데 안타깝게도 나는 응시 자격이 안 되었다. 신학대학원 1학년생 중에서 교육 전도사를 뽑는데, 그때 나는 3학년 졸업반이었기 때문이다. 하지만 이력서를 냈다. 그리고 심사위원들의 눈을 가려달라고 기도했다. 그런데 내가 합격한 것이다.

나중에 동료 전도사를 통해 이야기를 들었는데, 그 전도사가 당시 나를 보며 충격을 받았다고 한다. 이유인즉, 그때 사랑의교회에서 뽑기로 한 2명의 교육 전도사가 이미 찼는데, 그것도 모르고 지방에서 올라와 잘 보이기 위해 거울을 들여다보며 애쓰는 내 모습이 무척 안쓰러웠다고 한다. 그러면서 그 이후 하나님께서 나를 붙여주시는 모든 과정을 자신의 눈으로 똑똑히 보았다며 놀라움을 감추지 못하고 내게 말을 했다. 그 해 교육전도사를 2명을 뽑기로 했는데 무슨 영문인지 9명이나 뽑았다. 그래서 내가 사랑의교회에서 사역할 수 있게 된 것이다. 그렇게 하여 청소년 사역을 시작했는데, 그때 부어주신 하나님의 은혜는 말로 다할 수 없다.

처음 교회를 개척할 때 분당에 교회를 개척하겠다고 했더니 주변 사람들이 모두 말렸다. 분당은 영적 별들의 전장이라는 것이다. 당시 분당에는 이미 모든 교단의 대표들이 다 와 있었다. 그런데 교회 개척 이후로 지난 10년간 이해할 수 없는 일들이 벌어졌다. 너무나 부족한 나를 통해서 하나님께서는 상상할 수 없는 기적들을 많이 베풀어주셨다. 나는 확신한다. 신학교에 입학한 이후로 내 삶에 나타난 이 모든 일은 교회를 위해 금식하며 기도하시다 돌아가신 아버지의 기도의 열매라는 사실을 말이다.

기도의 열매를 누리지 못하고 소천하신 아버지를 생각하면 아직도 가슴이 먹먹하고 아프다. 그러나 당대에 맺지 못한 기도의 열매들은 그 이자까지 더해 다음 대(代)로 이어진다는 사실을 경험하게 되어 얼마나 기쁘고 감사한지 모른다. 꼭 기억하라! 그것이 기도이다. 우리 아버지의 기도 열매를 내가 누리고 있는 것처럼 말이다.

그렇게 보면 우리 아버지는 실패한 목회자가 아니다. 기도의 씨앗을 그렇게 많이 심어 아들인 내가 그 풍성한 열매를 누릴 수 있도록 하신 분을 어찌 실패자라 할 수 있겠는가.

복음의 수류탄이 터져야 한다

하나님과의 관계를 회복하기 위해서는, 둘째로 십자가의 감격과 능력이 회복되어야 한다.

> 그리하면 모든 지각에 뛰어난 하나님의 평강이 그리스도 예수
> 안에서 너희 마음과 생각을 지키시리라 빌 4:7

이것이 복음의 능력이다. 예전에 청소년 사역을 할 때 여중생 한 명이 친구의 전도로 교회에 등록했다. 그 아이의 가정에는 불화가 많았다. 예수님을 믿지 않는 가정인데, 아버지는 이혼은 하지 않은 채 가출했고 어머니가 식당 일을 하며 중학교 3학년인 그 아이와 고등학교 1학년 언니의 뒷바라지를 하고 있었다.

교회에 다니면서 그 아이의 마음에는 복음이 심겨 예쁘게 자라고 있었다. 그러던 어느 날, 그 아이가 나에게 오더니 눈물을 글썽이며 자신의 가정을 위해 기도해달라는 것이다. 자신의 집은 하루도 상처 없이 그냥 넘어가는 날이 없다면서, 자신은 상처를 많이 받아도 교회에 나와 예배드리면 예수님이 만져주시고 치료해주시고 회복시켜주시는데, 엄마와 언니는 하나님을 모르니 그 상처가 쌓여만 간다는 것이다. 그러면서 엄마와 언니를 위한 기도를 부탁했다.

해가 바뀌어 그 아이는 고등부로 올라갔다. 하루는 아침 일찍 교회에 도착했는데, 그 아이가 꼭두새벽부터 나를 기다리고 있었다. 나를

보자마자 눈물을 왈칵 쏟는데 깜짝 놀랐다. 무슨 일인지 물어보니 엉엉 울면서 하는 말이 어젯밤에 집안이 발칵 뒤집어졌다는 것이다. 엄마와 언니가 심하게 다투었는데, 거의 전쟁 수준이었다고 한다.

격분한 엄마가 이제 더 이상 자식들을 돌보지 않겠다고 폭탄선언까지 하시고는 가방을 꺼내 자신의 짐을 챙겨 집을 나서시더라는 것이다. 골목 어귀까지 쫓아나가 겨우겨우 사정해서 엄마를 다시 집으로 모시고 오긴 했지만, 그 마음에 슬픔과 상처까지 아물었을 리는 없다. 그렇게 밤새 잠 한숨도 못잔 그 아이는 새벽부터 교회에 나와 나를 기다리고 있었던 것이다. 의지하며 이야기를 나눌 수 있는 사람이 나밖에 없었기 때문이다.

손을 잡고 기도하는데 내 손등 위로 눈물이 뚝뚝 떨어졌다. 부유한 가정에 다른 걱정 없이 "성적이 떨어져서 고민이에요" 하는 아이들에게는 해줄 말이 많았지만, 이런 상황에서는 무슨 말을 어떻게 해야 좋을지 몰랐다. 그래서 솔직히 이야기했다.

"목사님이 정말 미안한데, 너한테 해줄 말이 떠오르지 않는구나. 사람은 너에게 위로해줄 수 없으니, 하나님께서 예배를 통해 위로해주시도록 기도하자꾸나."

그렇게 하고 예배시간을 맞았다. 그때가 아침 8시, 1부 예배를 드릴 때였다. 고등부 예배 시간에 설교를 하려고 보니 그 아이가 앞쪽에 앉아 있는 것이 보였다. 눈이 딱 마주쳤는데 설교를 이어가지 못할 정도로 얼굴이 눈물로 범벅이 되어 있었다.

오후 늦게 사무실로 들어갔더니 그새 그 아이가 또 나를 기다렸던 것 같다. 내가 오지 않으니 쪽지를 남겨놓고 갔다.

"목사님, 하나님께서 저를 훈련시키셨어요. 그래서 이제 아팠던 몸과 마음이 모두 회복되었어요. 이제 더 힘내서 주님의 귀한 일꾼으로 나아갈 거예요. 요동하지 않겠습니다."

그 다음에는 뭐라고 적혀 있었는지 아는가?

"이런 빠른 회복이 정말 기적 같아요."

불과 몇 시간 전, 교회에 들어올 때만 해도 절망한 채였다. 밤을 꼬박 새우며 자신의 인생을 저주하고 자신의 집안을 비관했다. 그런데 그 짧은 시간 동안 예배를 드리면서 복음이 그 마음판에서 터지고 하나님께서 자신의 마음을 치유해주시니 거뜬히 회복되었다는 것이다. 그 회복이 너무나 순식간에 일어나 기적 같다는 것이다.

이 이야기가 놀라운가? 이것이 정상이다. 그런데 오늘날 교회 현장에서는 이런 복음의 감격이 사라지고 있다. 복음이 터지지 않고 있다.

수류탄은 그 폭발력과 파괴력으로 적을 죽이기 위해 만든 무기이다. 그런데 어느 정신 나간 병사가 안전핀도 안 뽑고 수류탄을 던지며 그것을 맞은 적군이 뇌진탕으로 죽길 바란다면 어떻겠는가? 오늘 우리 교회가 그런 모양이다. 복음의 폭발력이 터지지 않는다. 그냥 열심히 수류탄은 집어던지는데 터지지 않는다. 슬쩍 빗맞으면 맞췄다고 기뻐하고 있다. 마치 코미디 같다. 복음이 터져야 한다. 복음이 터져 치유가 일어나야 한다.

나의 죄악을 씻어주신 은혜의 감격을 회복하라

언젠가 차를 타고 테헤란로를 지나는데 신호에 걸려 정차해 있었다. 그때 차 안에서 '예수님 날 위해 죽으셨네'라는 찬양이 흘러나왔다.

예수님 날 위해 죽으셨네.

왜 날 사랑하나

겸손히 십자가 지시었네.

왜 날 사랑하나

왜 날 사랑하나

왜 날 사랑하나

왜 주님 갈보리 가야 했나

왜 날 사랑하나.

갑자기 하나님의 크신 사랑에 대한 감격이 밀려와 눈물이 나기 시작했다. 목사의 아들로 태어났지만 구원의 확신도 없었고, 교회는 왔다 갔다 하면서도 복음과는 무관하게 살았던 나를, 어릴 때부터 목사가 되라던 어머니의 말씀을 끝까지 외면하고 고집 피우며 순종하지 않았던 나를, 서른 살이 될 때까지 기다려주셨다가 결국 목사가 되게 하신 하나님의 은혜가 너무나 감격스러웠다.

하나님께서 왜 날 사랑하실까? 하나하나 따져보면 사랑스러운 구석이 없는데 왜 날 사랑하실까? 반발심 많고, 틈만 나면 의심하기 바쁜 나를 사랑하시는 하나님의 은혜에 눈물이 나 도저히 운전을 못하겠는 것이다.

또 언제가는 설거지를 하는데 접시에 기름때가 굳어져 잘 씻기지 않았다. 그래서 반신반의하며 기름기를 쏙 뺀다는 세제를 덜어 접시를 쏙쏙 문지르니 접시가 거짓말처럼 깨끗하게 닦였다. 그때 문득 이런 생각이 들었다.

'내 심령 안에는 이 접시에 묻은 때보다 더 치명적인 죄악이 있는데, 예수님께서 이 영혼의 찌꺼기를 예수 그리스도의 십자가 보혈이라는 세제를 가지고 닦아주셨구나. 그래서 내가 의인(義人)이라 칭함을 받을 수 있는 것이구나.'

구원의 감격이 밀려와 더 이상 설거지를 할 수 없었다. 그래서 고무장갑을 벗고 부엌 바닥에 무릎 꿇고 앉아 눈물로 기도했다.

이런 경험을 한 적이 언제인가? 혹시 몇 년 전 일은 아닌가? 우리 현대인들은 설교의 홍수 속에 살고 있다. 그런데 설교를 너무 많이 들어서 병이 되는 경우도 있다. 과거 우리 어른들은 철야기도 때 십자가 하나만을 붙잡고 그 감격에 밤을 지새워 기도했다. 그 영성이 사라져버린 것 같아 안타깝다.

우리의 삶에 복음이 능력임이 입증되기를 바란다. 그 복음의 감격으로 인하여 마음에 떨림이 있고 눈물이 흐르고 상한 마음이 치유되는, 복음의 수류탄이 터지는 은혜가 있기를 바란다.

chapter 06

내가 하는 것이 아니라
하나님께서 하신다

여룹바알이라 하는 기드온과 그를 따르는 모든 백
성이 일찍이 일어나 하롯 샘 곁에 진을 쳤고 미디안
의 진영은 그들의 북쪽이요 모레 산 앞 골짜기에 있
었더라 여호와께서 기드온에게 이르시되 너를 따
르는 백성이 너무 많은즉 내가 그들의 손에 미디안
사람을 넘겨 주지 아니하리니 이는 이스라엘이 나
를 거슬러 스스로 자랑하기를 내 손이 나를 구원하
였다 할까 함이니라 이제 너는 백성의 귀에 외쳐 이
르기를 누구든지 두려워 떠는 자는 길르앗 산을 떠
나 돌아가라 하라 하시니 이에 돌아간 백성이 이만
이천 명이요 남은 자가 만 명이었더라

삿 7:1-3

내가 총신대학교 신학대학원에 입학했을 때 가장 눈에 띄었던 것 중 하나가 교실마다 걸려 있는 교훈이었다. 초등학교 교실에나 걸려 있을 법한 '무엇이 되어라'식의 교훈이 5개나 쭉 열거되어 있었는데, "신자가 되라, 학자가 되라, 성자가 되라, 전도자가 되라, 목자가 되라"가 그것이다.

그런데 그중에서 "신자가 되라"는 교훈은 이해가 잘 안 되었다. 당연히 신자가 되었으니 신학교에 들어오지 않았겠는가? 곧 목사가 될 사람들을 모아놓고 신자가 되라고 하니 의아하기도 하면서 살짝 기분이 나쁘기도 했다. 그런 생각을 하면서 3년간 신학대학원에서 공부를 했는데, 졸업하고 목사 안수를 받은 지 20년이 다 되어가는 지금, 그 첫 번째 항목이 가장 마음에 사무친다.

신자가 되라

그렇다면 '신자가 되라'는 말은 어떤 의미일까? 단순히 '구원의 확신을 가져라'라는 의미일까?

한경직 목사님이 말년에 남한산성에 머무실 때, 당시 젊은 목사님 몇 분이 인사를 드리러 갔다. 그러고는 젊은 목회자인 자신들을 위해 한 말씀만 해주실 것을 부탁드렸다. 그러자 한경직 목사님은 이렇게 말씀하셨다고 한다.

"목사님들, 예수님 잘 믿으시기 바랍니다."

한경직 목사님이 그곳에 찾아온 젊은 목회자들에게 "구원의 확신도 없으면서 목사의 직분을 감당하는 이 위선자들아! 구원의 확신을 가져라" 하는 뜻으로 이런 말씀을 하셨을까? 아닐 것이다. 그렇다면 총신대학원 첫 번째 교훈 '신자가 되라'와 한경직 목사님이 후배 목사님들을 위해 하신 "예수님 잘 믿으시기 바랍니다"라는 말의 의미는 무엇이겠는가?

믿음에는 두 종류가 있다. 첫 번째 믿음은, 예수 그리스도를 구세주로 믿고 영접해 하나님의 자녀가 되는 권세를 얻는 차원의 믿음이다. 이 믿음은 그리스도인이라면 모두에게 있다. 이 믿음은 있거나 없거나 둘 중에 하나이다. 차별이 없다.

두 번째 믿음은, 삶 속에서 그 믿음이 작동되는 상태이다. 이 믿음은 사람마다 차이가 난다. 예수님께서 제자들을 향해 "믿음이 작은 자들아"라고 책망하실 때, 그 믿음이 무엇을 말하는 것이겠는가? "어떻게 네 믿음은 삶 속에서 작동이 안 되느냐?"라는 이야기이다.

이 말씀을 생각할 때마다 늘 떠오르는 것이 요한복음 11장에 나오는 마리아와 마르다와 나사로의 이야기이다.

예수님께서 이 삼남매를 얼마나 사랑하셨는가? 삼남매 역시 얼마나 예수님을 사랑하고 지극정성으로 섬겼는가? 그런데 마리아와 마르다의 오라버니 나사로가 병에 걸렸다. 아무리 예수님을 잘 믿고 섬겨도 때때로 큰 어려움을 겪는 이런 일들이 우리 주위를 보면 종종 일어난다. 이유도 없이 오빠가 죽어 가는데 마침 예수님이 그들 가까이에 계시지 않았다. 그래서 누이들은 급히 사람을 보내어 예수님에게 나사로가 위독함을 알렸다. 그런데 예수님이 참 이상하시다. 예수님을 그렇게 사랑하고 정성스레 모신 사람이 위독하다는 소식을 듣고도 모른 체하신다.

대부분의 목회자들에게는 이 삼남매처럼 유난히 고마운 분들이 있다. 나 역시 마찬가지이다. 나는 집회 차 LA에 종종 가는 편이다. 그런데 LA의 어느 교회를 가든 항상 그 집회에 오는 부부가 있다. 분당우리교회를 섬기다가 미국으로 이민 간 부부인데 내가 LA 집회를 할 때면 어느 집회든 잊지 않고 온다. 이 부부는 설교를 들으러 온다기보다 나를 격려하러 오는 것이다. 그래서 내 마음에 늘 감사가 있다. 그 부부는 LA 다운타운 쪽에서 음식점을 하고 있었는데, 어느 날은 내게 저녁을 대접하고 싶다는 것이다. 그런데 도저히 일정과 여건이 맞지 않아 어렵겠다고 거절을 했더니, 거의 주방을 통째로 옮겨와 집회 장소 근처에서 정성스레 저녁을 준비해 가져왔다. 그날 그 음식을 먹는데 목이 메지 않을 수 없었다. 나는 하나님 앞에 진심으로 이렇게 기도할 수밖에 없었다.

"하나님, 이런 분들에게 상처 주지 않는 목사가 되게 해주세요. 이렇게 순수한 성도들을 실망시키지 않게 해주세요."

섭섭한 것은 섭섭한 것이고 믿음은 믿음

만약 이렇게 고마운 분들이 나를 찾아와서 한 번만 도와달라고 하면 도와주는 것이 도리 아니겠는가? 마찬가지로 예수님도 자신을 그토록 사랑하고 정성을 다해 섬긴 나사로가 지금 다 죽어간다고 하는데, 서둘러 가시는 것이 도리 아니겠는가?

그런데 예수님은 그 소식을 듣고도 서두르지 않으셨다. 성경에 무슨 일로 가시지 않았다는 기록이 없는 것으로 봐서 별로 중요한 일은 아닌 것 같다. 예수님은 계시던 곳에서 이틀을 더 머무신 후에 다시 유대로 가신다. 하루가 걸려 가보니 상황은 이미 끝나 있었다. 나사로는 이미 죽고 장례도 치렀다.

마리아는 예수님이 오셨다는 소식을 듣고도 마중도 안 나간다. 성경에 이유는 안 나와 있지만, 뻔한 것 아니겠는가? 삐친 것이다. 왜 이제 오셨느냐는 것이다. 또한 마르다가 예수님을 보자마자 한 첫마디가 무엇이었는가? 예수님이 계셨으면 우리 오라버니가 죽지 않았을 것이라는 원망이 뚝뚝 묻어나오는 이야기였다.

> 마르다는 예수께서 오신다는 말을 듣고 곧 나가 맞이하되 마리아는 집에 앉았더라 마르다가 예수께 여짜오되 주께서 여기 계셨더라면 내 오라버니가 죽지 아니하였겠나이다 요 11:20,21

그러자 예수님께서 무엇이라고 말씀하시는가?

> 예수께서 이르시되 나는 부활이요 생명이니 나를 믿는 자는 죽어도 살겠고 무릇 살아서 나를 믿는 자는 영원히 죽지 아니하리니 이것을 네가 믿느냐 요 11:25,26

오해하고 들으면 이 말은 속을 뒤집는 소리일 수 있다. 오라버니의 장례를 이제 막 치른 슬픔에 잠겨 있는 가정에 찾아와 "이미 죽은 것은 할 수 없고 먼 훗날 살아날지도 모르니깐 힘 내"라는 이야기인 것이다. 이것이 얼마나 오해의 소지가 있는 말씀인가. 그런데 이 말을 듣자마자 마르다가 무엇이라고 응수하는가?

> 이르되 주여 그러하외다 주는 그리스도시요 세상에 오시는 하

나님의 아들이신 줄 내가 믿나이다 요 11:27

지금 마르다는 예수님께서 오라버니를 살려내 가슴 벅찬 상태가 아니다. 주님에게 섭섭함이 있다. 그럼에도 불구하고 섭섭한 것은 섭섭한 것이고 믿음은 믿음이라는 것이다. 오늘날 한국 교회를 보면 이 두 가지가 너무 섞여 있다. 목사가 조금만 섭섭하게 하면, 교회에 쓴 소리를 하며 교회를 옮겨버린다.

상처는 상처이고, 섭섭한 것은 섭섭한 것이고, 또 믿음은 믿음이어야 한다. 마르다가 그런 신앙을 고백하니 예수님께서 매우 감동하신 것 같다. 그래서 이제 나사로를 살려주시기 위해 마르다를 앞세워 가신다.

신앙의 고백과 다른 신앙의 모습들

여기서부터 문제이다. 무덤가로 가서 예수님이 무엇이라고 말씀하시는가?

> 이에 예수께서 다시 속으로 비통히 여기시며 무덤에 가시니 무덤이 굴이라 돌로 막았거늘 예수께서 이르시되 돌을 옮겨 놓으라 하시니 요 11:38,39

예수님의 말씀에 마르다가 무엇이라고 응수하는가?

그 죽은 자의 누이 마르다가 이르되 주여 죽은 지가 나흘이 되
었으매 벌써 냄새가 나나이다 요 11:39

이것이 무슨 뜻인가? 이미 나사로는 죽은 지 나흘이나 되어 이제 송
장 썩는 냄새가 나니 아무 소용 없는 일 하지 마시라는 것이다.

여기에서 마르다의 반응을 잘 살펴보도록 하자. 지금 마르다는 "주
는 그리스도시요 세상에 오시는 하나님의 아들"(요 11:27)이라고 말했
던 자신의 고백의 메아리가 끝나기도 전에 예수님의 신적(神的) 사역
을 방해하고 있다. 무슨 이야기를 하고 싶은지 알겠는가?

우리나라 사람들만큼 신앙고백을 많이 하는 민족이 또 있을까? 새
벽예배, 수요예배, 철야예배, 가정예배, 주일예배, 예배 때마다 "주는
그리스도시요 살아 계신 하나님의 아들"이라고 신앙고백을 한다. 그
런데 어찌된 영문인지 그 신앙고백이 자기의 삶의 현장에서 작동되지
는 않는다. 왜 그런 것일까?

오늘날 우리의 신앙이 이율배반적이다. 어떻게 보면 일종의 분열증
같다. 너무 오래된 모순이 몸에 배어서 교회 안에만 들어오면 성령 충
만해 "할렐루야, 아멘"을 외치는데, 교회 문만 열고 나가면서부터 주
님의 겸손은 온데간데없고 먼저 가겠다고 난리다. 그런데 더욱 큰 문
제는 우리는 이런 모습이 너무나 익숙해 하나도 어색하지 않다는 것
이다.

주일예배 때 은혜 받았는가? 오늘 새벽예배 때 은혜 받았는가? 그렇

다면 그 은혜가 우리의 학교, 직장, 가정에서 어떤 형태로 나타났는가?

마르다는 방금 "주는 그리스도시요 세상에 오시는 하나님의 아들"이라고 고백했다. 그런데 그 믿음이 왜 무덤가에서, 자기 삶터에서, 결정적으로 나사로를 살려내는 그 현장에서 작동되지 않는 것일까?

왜 신학교에서 전도사들을 모아놓고 "신자가 되라"는 구호를 외쳐야만 할까? 왜 한경직 목사님은 젊은 목회자들에게 "예수님 잘 믿으시기 바랍니다"라고 권면하셨을까?

돌은 우리가 옮겨야 한다

한번 생각해보자. 죽은 나사로를 다시 살리기 위해 가신 예수님이 고작 무덤 앞 돌을 옮길 능력이 없으시겠는가? 그런데 예수님은 "돌을 옮겨놓으라"(요 11:39)라고 명령하신다.

이것이 의미하는 것은 무엇일까? 은혜 받은 자리에만 머물러 아무것도 하지 않고 "여기 있는 것이 좋사오니"(마 17:4) 하는 것이 아니라 우리의 믿음을 가지고 우리 삶의 현장에서 마땅히 해야 할 일을 하라는 말씀이다. '저 장미꽃 위에 이슬'(새찬송가 442장)이라는 찬양 가사의 의미를 되새겨보자.

밤 깊도록 동산 안에
주와 함께 있으려 하나
괴론 세상에 할 일 많아서

날 가라 명하신다.

주님 나와 동행을 하면서

나를 친구 삼으셨네.

우리 서로 받은 그 기쁨은

알 사람이 없도다.

　우리는 은혜 받은 그 자리에 밤 깊도록 주님과 함께하려 하나 주님은 세상으로 가라고 명령하신다는 말씀이다. 모여서 은혜 받는 것이 우리의 최종 목적이 아니다. "주는 그리스도시요 살아 계신 하나님의 아들"이라고 신앙 고백하는 것이 최종 목적이 아니다. 물론 교회 안에서 이런 고백이 더 자주 들리길 바란다. 그러나 신앙을 고백한 다음에는 어떻게 해야 하는가? 삶의 현장인 가정에서, 직장에서, 무덤가에서 그 믿음이 작동되어야 한다.

　나는 목사이다. 그런데 주님께서 나에게 "얘, 찬수야, 너 목사 아니니? 죽은 나사로를 네가 가서 살려주어라" 하시면 나는 못 살린다. 죽은 사람을 살리기는커녕 감기도 치료하지 못한다. 그러나 죽은 나사로를 살릴 수는 없지만 무덤의 돌은 옮길 수 있다. 성심성의껏 돌은 내가 옮길 수 있다.

　주님이 이 땅에 오셔서 행하셨던 그 놀라운 이적들을 나는 하지 못한다. 눈먼 자를 눈뜨게 하는 일도 못하고 나병환자를 깨끗하게 하지도 못한다. 그러나 마음만 먹으면 누군가 오 리를 가자고 하는데 십 리까지 갈 수 있으며, 속옷을 달라고 하는데 겉옷을 줄 수는 있다. 그것은 마음만 먹으면 할 수 있다.

> 또 너를 고발하여 속옷을 가지고자 하는 자에게 겉옷까지도 가지게 하며 또 누구든지 너로 억지로 오 리를 가게 하거든 그 사람과 십 리를 동행하고 마 5:40,41

오늘날 교회의 총체적인 모순은 죽은 나사로를 살리겠다고 하면서 오 리까지 가자고 하면 안 가는 것이다. 십 리를 가주는 것, 겉옷을 주는 것, 원수를 사랑하는 것은 누구나 할 수 있는 일이다. 우리는 어떤 신통한 신적인 능력을 꿈꾸기보다 돌을 옮기는 일을 먼저 해야 한다. 그것이 이 땅에서 우리가 할 수 있고 해야 하는 더 중요한 일이다.

오늘날 우리가 옮겨야 하는 돌은 어떤 것이 있는가? 남편의 문제인가? 자녀의 문제인가? 우리는 인내하기 위해, 또 용서하기 위해 몸부림 쳐야 한다.

오늘날 교회가 가지고 있는 모순이 교회 안에서 병도 낫고 놀라운 일들도 일어나는데, 돌은 아무도 안 옮긴다는 것이다. 용서하는 일도 없고, 사랑하는 일도 없다. 이제 우리 심령 가운데 옮겨야 할 돌이 있다면 그것을 기꺼이 옮기도록 하자.

하나님은 준비된 소수와 일하기 원하신다

우리는 모두 승리하는 삶을 살기 원한다. 그렇다면 하나님은 어떤 사람을 사용하셔서 승리하게 하시는가?

> 여룹바알이라 하는 기드온과 그를 따르는 모든 백성이 일찍이
> 일어나 하롯 샘 곁에 진을 쳤고 미디안의 진영은 그들의 북쪽이
> 요 모레 산 앞 골짜기에 있었더라 삿 7:1

사사기 7장 말씀을 보면 지금 이스라엘 군대와 미디안 군대가 전쟁 중인데, 이스라엘 군대가 굉장히 불리한 상황이다. 이스라엘 군대의 수는 대략 3만 2천 명인데, 이에 반해 적군의 수는 상상을 초월한다. 사사기 7장 12절에 보면 적군의 수는 해변의 모래알처럼 많았다고 기록한다.

> 미디안과 아말렉과 동방의 모든 사람들이 골짜기에 누웠는데
> 메뚜기의 많은 수와 같고 그들의 낙타의 수가 많아 해변의 모래
> 가 많음 같은지라 삿 7:12

적군의 3분의 1에도 못 미치는 수이다. 그런데 하나님께서는 이스라엘 군대를 이끄는 기드온에게 이해할 수 없는 요구를 하신다. 3만 2천 명이 너무 많다는 것이다.

여호와께서 기드온에게 이르시되 너를 따르는 백성이 너무 많
은즉 내가 그들의 손에 미디안 사람을 넘겨주지 아니하리니 이
는 이스라엘이 나를 거슬러 스스로 자랑하기를 내 손이 나를 구
원하였다 할까 함이니라 이제 너는 백성의 귀에 외쳐 이르기를
누구든지 두려워 떠는 자는 길르앗 산을 떠나 돌아가라 하라 하
시니 이에 돌아간 백성이 이만 이천 명이요 남은 자가 만 명이
었더라 삿 7:2,3

여호와께서 기드온에게 이르시되 내가 이 물을 핥아 먹은 삼백
명으로 너희를 구원하며 미디안을 네 손에 넘겨 주리니 남은 백
성은 각각 자기의 처소로 돌아갈 것이니라 하시니 삿 7:7

이 본문을 통해 우리는 하나님에 대한 놀라운 사실을 몇 가지 발견
할 수 있다.

첫째, 하나님께서는 준비된 소수와 일하기 원하신다는 것이다. 하
나님께서는 오합지졸 3만 2천 명과 일하기를 원하지 않으신다. 잘 준
비된 300명과 일하기를 원하신다.

그런데 여기서 한번 생각해보자. 하나님께서는 이스라엘 군대의 수
를 3만 2천 명에서 300명으로 줄이셨다. 이것이 얼마나 치열한 경쟁률
인가? 이런 경쟁을 치러 정예부대를 뽑았다. 그 경쟁률을 뚫고 선발된
사람들이니 얼마나 준비가 잘 되어 있으며 또 얼마나 뛰어난 사람들

이었겠는가? 그런데 그렇게 엄선해서 사람을 뽑으시고는 하나님께서 그들에게 시키시는 일이 무엇인가?

한 손에는 나팔을 들고, 다른 한 손에는 빈 항아리와 횃불을 들고 신호가 오면 나팔을 불고 들고 있던 항아리를 깨는 것이 다이다. 그러면서 큰소리로 "주님의 칼이다. 기드온의 칼이다"라고 외치는 것이다. 얼마나 웃기는 일인가?

> 세 대가 나팔을 불며 항아리를 부수고 왼손에 횃불을 들고 오른
> 손에 나팔을 들어 불며 외처 이르되 여호와와 기드온의 칼이다
> 하고 삿 7:20

그까짓 항아리 부수는 일을 누가 못하겠는가? 밤에 횃불 들고 소리 지르는 일을 누가 못하겠는가? 그 정도 일을 시키실 것이라면 왜 굳이 물 마시는 자세까지 살피며 복잡하게 뽑은 것인가? 3만 2천 명 앞에서 "별 일 아닙니다. 걱정하지 마세요. 그냥 여기 300명만 오면 됩니다. 항아리 부수는 일이니 부담 갖지 말고 오세요"라고 말하면 될 것을 왜 테스트를 거쳐 300명을 엄선했느냐는 것이다.

여기서 하나님의 본심을 깨달을 수 있다. 하나님은 비록 항아리 깨는 것과 같은 사소한 일이라도, 횃불 들고 소리 지르는 단순한 일이라도 준비 안 된 사람들과는 일하고 싶지 않으시다는 것이다.

성숙한 그리스도인일수록 자신의 일에 충성한다

이것이 나에게 얼마나 큰 도전이 되었는지 모른다. 사실 교회에서 제일 골치 아픈 사람들은 관록 있는 사람들이다. 무슨 일을 시키면 이런 작은 일을 자신한테 시키느냐고 기분 나빠하는 사람들을 종종 볼 수 있다.

그러나 성숙한 그리스도인일수록 작은 일에 헌신한다. 주일에 주차 봉사를 하는 일은 여간 힘든 것이 아니다. 특히 추운 겨울 외부에서 주차 봉사를 하다보면 온 몸이 얼어붙는 것 같다. 이런 어렵고 힘든 일에 헌신해주는 성도들이야말로 진짜 성도들이다. 우리 교회에도 주차로 섬겨주시는 분들이 있다. 그런데 어느 날 뉴스를 보니 그중 한 분이 은행 채권단 협상을 하는 한국 대표로 앉아 있는 것이 아닌가.

이처럼 세상에서 잘 나가고 높은 지위에 있는 분들이 교회에 와서 '돌 옮기는 일'을 할 때, 우리는 감동을 받는다. 이렇게 묵묵히 횃불과 항아리를 들고 외치는 사람들이 교회 구석구석에 있다. 교회가 교회 될 수 있는 것은, 그런 분들이 많기 때문이다. 하나님께서는 오늘도 우리가 우리에게 주어진 그 작은 일, 보잘것없는 일, 남들이 하찮게 생각하는 그 일에 온 성심과 성의를 다할 때, 우리를 사용하신다.

다윗을 보라. 다윗이 머리에 띠를 두르고 "타도(打到) 골리앗"을 외치며 골리앗 형상을 그려놓고 물매 돌 던지는 연습을 하지 않았다. 자신에게 주어진 양 지키는 일에 최선을 다했다. "양 한 마리에 누가 목숨을 걸겠는가?"라고 생각하지 않고 양 한 마리에 목숨을 걸었다. 그래서 쌓인 것이 물매 돌 실력이었다. 다윗은 자신에게 주어진 작은 일에 최선을 다하고 싶었고 또 그렇게 했다. 그런데 결국 그 일이 나라를 살린 것이다.

나 역시 목사로서 양심을 잃지 않고 내게 주어진 목회에 최선을 다하기 위해 노력한다.

나는 주일에는 새벽 3시, 평일에는 새벽 4시 전후로 일어난다. 우리 교회의 주일 1부 예배는 7시이다. 나는 1부 예배 설교 원고를 6시 55분에 프린트한다. 그리고 1부 예배를 마치면 내 방으로 들어와 제일 먼저 1부 예배 설교 원고를 찢는다. 배수의 진을 치는 것이다. 그러고는 1부 예배 때 했던 설교와 하나님께서 영감 주셨던 내용을 가지고 다시 설교를 교정한다. 그러면 예배 시작 5분 전에 설교가 완성된다. 2부 예배 때 본 원고도 90퍼센트는 또 찢는다. 3부 때는 한 50퍼센트 정도는 찢고 다시 교정을 보아 설교한다.

왜 이렇게 할까? 기왕 내가 설교하는 일을 맡았다면 설교를 잘하고 못하고는 하나님께서 주신 은사이지만, 무덤의 돌을 옮기기 위해서는 최선을 다해야 하기 때문이다.

목사는 자신에게 맡겨진 일에 최선을 다하고, 사업가는 사업 현장에서 최선을 다하며, 전업 주부는 가정에 최선을 다해야 한다. 특히 우리나라 전업 주부들은 최선을 다해 시간을 활용해야 한다. 결코 시간이 많은 것이 아니다. 자녀와 남편을 위한 중보기도는 물론이고, 반찬 하나를 만들더라도 사명을 가지고 만들어야 한다. '이 음식을 통해 성령의 능력이 나타나 우리 가족이 영육 간에 강건하게 해주세요'라는 마음으로 정성을 다해야 한다.

하루를 살아도, 한 시간을 보내도 허투루 보내지 말자는 것이다. 그것이 비록 횃불을 들고 소리를 꽥꽥 지르는 일일지라도 말이다. 하나님께서는 준비 되지 않은 사람을 사용하지 않으신다.

하나님께서는 담대한 사람을 사용하신다

둘째, 하나님께서는 좌절하지 않는 마음을 지닌 사람을 쓰신다.

모든 경쟁 구도에는 심사 기준이 있다. 음대를 준비하는 입시생들의 이야기를 들어보니 가장 가고 싶은 대학의 입시를 준비했다가 떨어지면 그 다음으로 가고 싶은 학교에 지원하는 것이 아니라고 한다. 원하는 학교 한 군데를 정해 준비를 해서 붙으면 다행이고 떨어지면 재준비를 해야 한다는 것이다. 각 학교 교수님마다 심사 기준이 전부 다르기 때문이다.

지금 하나님께서 이스라엘 병사 3만 2천 명 중에서 전쟁에 사용할 병사를 선발하고 계신다. 그러면 그 기준이 무엇일까? 힘이 세고 잘생기고 지혜가 뛰어난 사람일까? 그렇지 않다. 사사기 7장 3절에 하나님의 선발 기준이 나와 있다.

이제 너는 백성의 귀에 외쳐 이르기를 누구든지 두려워 떠는 자는 길르앗 산을 떠나 돌아가라 하라 하시니 이에 돌아간 백성이 첫 번째 관문이 무엇인가? 현실 앞에서 두려워 떨지 않는 것이다. 하나님께서는 적군의 수가 아군의 수보다 훨씬 많은 절망적인 상황에서 두려워 떨지 않는 자를 사용하시겠다는 것이다. 눈앞의 현실만 보고 "이제 우리는 끝났다. 이길 수 없다. 죽었다"라고 말하는 자들은 다 집으로 돌아가라는 것이다. 그들은 하나님의 선발 기준에 탈락이다.

반면에 "상황은 어렵지만 우리는 하나님의 백성이다. 하나님이 우리의 보호자 되신다. 우리는 이렇게 무너지지 않는다. 우리는 이길 수 있다"라고 믿는 자들은 합격이다.

이 선발 기준에서 몇 명이 합격하였는가? 1만 명이다. 처음 수의 3분의 1이다.

이런 하나님의 기준에 합당한 하나님의 자녀들은 얼마나 될까? 교회에 와서도 사업 걱정하고, 자식 걱정하고, 건강 걱정하는 사람들이 얼마나 많은가? 그런데 하나님께서는 그런 사람들은 모두 탈락이라고 말씀하신다. 그러면 어떤 사람을 사용하겠다고 하시는 것인가? 상황은 어렵지만 "여호와 하나님이 우리와 함께하시기 때문에 나는 망하지 않아"라고 말하는 담대한 사람들을 불러 쓰신다.

이대로 눈 뜨지 않게 해주세요

내가 미국에서 대학을 다닐 때 내 스스로 학비를 벌어야 했다. 아버지는 돌아가셨고 어머니는 연로하셨기 때문이다. 그런데 나의 치명적인 약점, 영어가 되지 않아 일자리가 구해지지 않았다. 이해할 수 없는 것이 나는 영어가 잘 늘지 않았다. 7년 만에 이민생활을 정리하고 한국으로 돌아와 청소년 사역자로 활동하고 있을 때, 나에 관한 기사를 본 적이 있다.

"이 시대의 청소년들을 너무 사랑해 미국 시민권을 포기하고 한국으로 돌아와 강남역 구석구석을 누비며 복음을 전하는 이찬수 목사."

나는 지금도 그때 그 기사를 가지고 농담하기를 즐긴다.

"사실 내가 한국으로 되돌아온 것은 이 시대 청소년들을 사랑해서라기보다는 영어가 안 되었기 때문이야."

미국에 있을 때 영어가 안 되면 몸이라도 튼튼해야 하는데, 둘 다 안되니 정말 죽을 고생을 했다. 안 해본 일이 없다. 그 추운 겨울, 유태인 가게에서 최저 임금을 받으며 눈 치우고 변기 청소하는 일을 했다. 또 한여름에 냉동 창고 안에서 고기를 썰어 배달 가는 일을 한 적도 있다. 그 무더운 여름에 겨울용 귀마개 하고 두꺼운 마스크 쓰고 털장갑 끼고 고기를 썰어 식당이나 슈퍼마켓 등으로 배달하는 일이었다. 몸살이 날 정도로 열심히 일했는데 주인 맘에 들지 않아서 며칠 만에 쫓겨났다. 세탁소에서 일하다가 쫓겨난 적도 있고, 그 외에도 여러 차례 쫓겨 나는 아픔을 경험했다. 어떤 경우는 주인이 쫓아내지는 않았지만, 일이 너무 고되어 더 이상 견딜 수 없어 나 스스로 그만두기도 했다.

그 상한 마음을 경험해보지 않은 사람은 모른다. 달랑 3일치 일당을 받아서 기차를 타는데, '이 기차가 서지 않고 영원히 달리면 좋겠다' 라고 생각하는 그 느낌을 아는가? 집에 가서 또 쫓겨났다고 말하자니 입이 떨어지지 않았다. 그렇게 계속 실패만 했다. 상처는 쌓여가고 자신감은 점점 바닥으로 떨어졌다.

식당 구인광고를 보고 미국인 매니저를 만나 이력서를 내고 돌아서면, 내 이력서를 바로 찢어 쓰레기통에 집어넣는 것 같은 느낌을 아는가? 단 한 번도 연락이 온 적이 없다. 한숨이 절로 나오고 좌절감이 밀려왔다. 미시간 호수 앞에 서 있으면 자꾸 나를 들어오라고 부르는 것 같았다. 한번만 눈 딱 감고 뛰어들면 끝인데 왜 고생하느냐고 자꾸 나를 부르는 것이다. 내가 서 있는 이 뭍은 좌절이요 고통이요 수치요 절망이고, 내가 서 있는 호수 저편은 평안이요 안식인 것 같았다. 나는 그것이 우울증인지도 몰랐다. 지금 생각해보면 초기 우울증이다.

영어를 잘하지 못해서 경험했던 재미있는 에피소드도 많다. 그래도 명색이 한국에서 대학교 2학년까지 마치고 미국으로 갔는데, 미국에서 처음 들어간 랭귀지 스쿨 첫 수업 시간을 아직도 잊을 수 없다. 선생님이 들어와서 "Hi, everybody?" 하면 세계 곳곳에서 모여든 외국인 학생들은 모두 "Hi" 하고 대답했다. 수업시간에는 두 사람씩 짝을 지어 "How are you?", "Fine. Thank you"를 연습했다. 내 마음을 더욱 힘들게 한 것은 선생님이 들어와서 "오늘 배운 것을 50번씩 써 오세요" 하는 말이었다.

생각해보라. 대학교 2학년씩이나 되어서 "How are you?", "Fine.

Thank you"를 쓰고 있는 모습을 말이다. 얼마나 한심한가? 당시의 한국 영어 교육은 주로 이론적인 문법과 독해 공부에만 치중되어 있다 보니 '말하기'와 '듣기'가 형편없어서 그런 초급반에 배정된 것이다.

당시 미국 사람들 모습 중에서 내가 이해할 수 없던 것이 모르는 사람에게 정말 말을 많이 건다는 것이었다. 게다가 눈치도 없다. 버스를 타려고 정류장에 서 있으면 계속 말을 건다. 단어 파편 하나씩은 알겠는데, 무슨 질문을 하는지도 알겠는데, 도저히 답을 할 수 없다. 한국 사람 같으면 눈치가 빨라서 조금 머뭇거리고 있으면 '이 사람이 언어가 안 되는구나' 하고 돌아설 텐데, 미국 사람들은 아무 말도 못하고 서 있는 사람에게 계속 말을 건다. 눈치가 없어도 너무 없다. 그러면 나는 속으로 "주여! 어서 빨리 버스를 보내주소서" 하는 기도가 절로 나온다.

아침에 문을 열고 나가면서부터 내 가슴이 두근두근 거리기 시작했다. 학교에 가서 교실에 앉아도 한마디도 들리지 않았다. 시험을 보는데 또 제정신이 아니다. 나는 사회학을 전공했는데, 시험이 다 끝나고 나면 학생들이 둘러서서 "이번 시험이 너무 어려워서 정답이 뭔지 도대체 모르겠어"라고 이야기하면 나는 속으로 '너는 정답이 뭔지 모르냐? 나는 문제가 뭔지도 모른다'라고 말했다.

그러니 어떻게 대학을 졸업하겠는가. 앞이 캄캄했다. 하루하루가 절망이었고 자려고 누워서는 "하나님, 이대로 영원히 눈뜨지 않게 해주세요"라고 절규했다.

은혜가 나의 시각을 바꾸었다!

그때, 하나님께서 나를 만나주셨다. 나는 목사 아들이었지만 스물세 살이 될 때까지 구원의 확신도 없었고, 인격적으로 하나님을 만나는 것이 무엇인지도 몰랐다. 목사 아들이라고 저절로 믿음이 찾아오는 것이 아니다. 그때까지 믿음이 없었다. 그런데 인생의 가장 밑바닥에서, 이제는 모든 내 퇴로가 차단되었다고 느끼는 비참한 상황에서 하나님께서 나를 만나주셨다. 그 은혜에 얼마나 가슴 뜨거웠는지 모른다.

그러나 정신을 차리고 보니 달라진 것은 하나도 없었다. 한 달에 265불짜리 방도 여전했고, 그 방에 가득한 바퀴벌레 한 마리도 줄지 않았다. 사도행전 2장에 보니 성도들이 성령의 충만함을 받고 만국 방언이 나왔다고 하는데, 내 영어 실력은 조금도 늘지 않았다.

그런데 진짜로 놀라운 일이 무엇인지 아는가? 상황은 아무것도 달라지지 않았는데, 상황을 바라보는 나의 태도가 달라진 것이다. 더 이상 두렵지 않았다. 은혜를 받고 난 이후로는 영어를 잘 알아듣지 못해도 수업 시간에 항상 맨 앞에 앉았다. 지각해본 적도 없다. 시험이 끝나면 항상 선생님께 찾아가 내 사정을 이야기했다. 한번은 한국전에 참전한 사회학 교수님이 계셨는데, 한국 사람에 남다른 호의를 가지고 계신 것을 알고 시험을 치른 후 찾아가서 이렇게 말씀드렸다.

"교수님, 저는 미국에 온 지 얼마 되지 않아 영어가 서투릅니다. 만일 교수님이 한국에 가서 한국말로 시험을 봐야 한다고 생각해보십시오. 이런 저를 위해 시험을 만회할 수 있는 특별 과제를 내주시면 최선을 다해 해오겠습니다."

그러고는 내주신 과제를 밤을 새워 열심히 해갔다.

또한 더 이상 미국 사람을 피해 다니지 않았다. 말이 되든 안 되든 아는 단어는 다 끄집어내어 말했다. 이런 영어 실력으로 시카고에 있는 일리노이 주립대학(U.I.C) 사회학과를 졸업했다. 이것은 홍해가 갈라진 기적이다.

은혜를 경험하고 나니 바뀌는 것은 환경이 아니라 환경을 바라보는 나의 태도와 시각이었다. 그때 내가 깨달은 사실은, 우리는 하나님을 알라딘 마술램프 안에 있는 '지니'로 여기고 일확천금을 구하는 것이 신앙인 줄 알고 있다는 사실이다. 하나님은 램프 안에 있는 지니가 아니시다. 문지르면 나와서 소원을 들어주는 그런 분이 아니시다. 우리 상황을 평탄하게 해주는 심부름꾼이 아니시다.

은혜를 경험하면 상황이 어렵더라도 두려워 떨지 않는다. 민수기 14장을 보라. 이스라엘 백성들이 두려워 떨며 하나님을 원망할 때 하나님께서 무엇이라고 말씀하셨는가?

나를 원망하는 이 악한 회중에게 내가 어느 때까지 참으랴 이스라엘 자손이 나를 향하여 원망하는 바 그 원망하는 말을 내가 들었노라 그들에게 이르기를 여호와의 말씀에 내 삶을 두고 맹세하노라 너희 말이 내 귀에 들린 대로 내가 너희에게 행하리니

민 14:27,28

부정적인 말을 입고 달고 다니는 사람 치고 잘되는 사람 못 봤다. 반면에 여호수아와 갈렙은 어떻게 하였는가? 우리는 적에 비해 강하지 못하지만, 우리의 보호자 되시는 여호와 하나님께서 우리를 지켜주실 것이라는 믿음의 고백을 했다. 그랬더니 하나님께서 무엇이라고 하셨는가?

"이길 수 있다고 했니? 그들이 너희의 밥이라 했니? 네 말이 내 귀에 들린 대로 내가 해주겠다."

하나님께서는 겸손한 사람을 사용하신다

셋째, 하나님께서는 겸손의 능력을 아는 사람을 들어 쓰신다. 하나님께서 이스라엘 백성들에게 3만 2천 명의 수가 많다고 말씀하셨을 때, 우리의 관점으로 보면 어불성설이다. 적군의 수는 이스라엘 군대보다 훨씬 많은 13만 5천 명이었기 때문이다(삿 8:10).

그런데 하나님께서 하시는 일은 대개 우리와 다르다. 또한 하나님께서는 대부분의 경우 왜 그렇게 하시는지 우리에게 설명해주지 않으신다. 그분은 그렇게 할 의무가 없는 분이시다. 하나님은 창조주이시고 우리는 피조물이기 때문이다. 우리가 산 그릇에 간장을 담을지 고추장을 담을지 하는 것은 우리 마음이다. 우리의 토기장이 되시는 하나님께서도 우리를 어떤 그릇으로 사용하실 것인지는 전적으로 그분 마음에 달렸다.

따라서 성경은 하나님께서 하시는 신비로운 일들에 대해 그 이유를 잘 설명하지 않는다. 우리가 겪는 일도 그러하다. 하나님께서는 거의 설명해주지 않으신다. 그런데 기드온의 300병사를 선발하는 과정에서는 사사기 7장 2절 말씀을 통해 하나님께서 왜 그렇게 하셨는지 이유를 생각할 수 있다.

> 여호와께서 기드온에게 이르시되 너를 따르는 백성이 너무 많은즉 내가 그들의 손에 미디안 사람을 넘겨 주지 아니하리니 이는 이스라엘이 나를 거슬러 스스로 자랑하기를 내 손이 나를 구원하였다 할까 함이니라 삿 7:2

왜 하나님께서 3만 2천명을 300명으로 줄였다고 하시는가? 어찌 보면, 3만 2천은 뛰어난 지략가의 활약을 통해 13만 5천 명을 이길 수도 있는 수이다. 이순신 장군이나 넬슨 제독도 이런 능력을 발휘해 불리할 수 있는 전쟁을 승리로 이끌었다. 즉, 3만 2천은 불리하지만 애쓰면 극복할 수 있는 수이다. 그러나 300명은 어떠한가? 사람의 지략으로는 죽었다 깨어나도 이길 수 없는 숫자이다. 3만 2천 명을 300명으로 줄이라고 하신 의도가 바로 이것이다.

하나님께서는 교만한 사람을 싫어하신다. 그래서 만약 이스라엘이 3만 2천 명으로 승리했을 경우, "그 사람의 리더십이 탁월했다", "이번 전략이 뛰어났다"라고 말하며 자만하고 교만해지는 것을 원하지 않으신 것이다.

납작 엎드릴 때 하나님께서 일하신다

하나님은 이와 동일한 방법으로 우리도 다루신다. 내가 강남 지역에서 10년간 청소년 사역을 하며 느낀 것은 유약한 부모가 자녀를 망친다는 사실이다. 하나님은 그런 유약한 부모가 아니시다. 한번 다루기로 결정하시면 피도 눈물도 없는 아주 무서운 분이시다.

나를 시카고에 내동댕이치시고는 상상할 수 없는 눈물 골짜기를 지나게 하신 다음, 내가 두 손 두 발 다 들었을 때 하나님께서 역사하기 시작하셨다.

그전까지는 되는 일도 없고 안 되는 일도 없던 나를 납작 엎드리게 한 후 훈련시키셨다. 그런 후에야 한국으로 돌아가 청소년 사역자로 사용하셨다. 이런 과정을 겪으면서 내가 철저하게 깨닫게 된 것은 '겸손이 능력이다'라는 사실이다. 나는 내 안에 교만이 조금이라도 스며들까봐 두렵다. 교만하면 죽는 것이다.

나 같은 사람에게 하나님의 은혜가 끊어지면 수치당하는 일밖에 더 있겠는가? 그 사실이 너무 두렵다. 꿈에서라도 내가 잘나고 설교를 잘해서 교회가 부흥하는 것으로 착각하면 끝장이다. 그래서 나는 매일 '내가 하는 것이 아니라 모두 하나님의 은혜'임을 나 스스로 세뇌시킨다. 나는 무의식중이라도 내가 잘났다거나 목회를 잘한다거나 하는 생각이 들까봐 두렵다.

여러 상황 속에서 힘들어하는 사람이 있다면 조금만 힘을 내기 바란다. 3만 2천에서 이제 다 와가는 것이다. 조금만 참아보자. 300까지

다 와 간다. 이렇게 고백해보자.

"나는 이제 아무것도 아닙니다. 정말 헛살았습니다. 아무것도 없으면서 허풍쟁이 같은 인생을 살았습니다. 이제 납작 엎드리겠습니다. 날마다 죽겠습니다."

그때부터 하나님께서 일하기 시작하신다. 그러면 하나님께서 다 알아서 일하신다. 우리는 하나님께서 시키시는 대로 횃불 들고 나가서 소리만 지르면 된다. 어떤 목사님이 쓰셨다는 '절벽 가까이로 부르셔서'라는 기도문의 주제가 무엇인가? 절망의 끝에서 하나님을 의지할 때 날아오를 수 있다는 것이다.

절벽 가까이로

나를 부르셔서 다가갔습니다.

절벽 끝에 더 가까이

오라고 하셔서 더 다가갔습니다.

그랬더니 절벽에

겨우 발을 붙이고 서 있는

나를 절벽 아래로

밀어 버리시는 것이었습니다.

물론 나는

그 절벽 아래로 떨어졌습니다.

그런데 나는 그때까지
내가 날 수 있다는 사실을 몰랐습니다.

우리는 고요한 바다를 순항하는 인생을 살기 원하지만, 주님은 때
때로 우리를 폭풍 가운데로 이끌고 가신다. 그때 온전히 주님만 의지
하며 은혜를 구해야 한다. 그러면 주님이 우리의 눈물을 닦아주시고
우리를 치유해주시며, 잃어버린 자신감을 회복시켜주실 것이다. 상황
은 달라진 것이 아무것도 없을지라도 상황을 바라보는 내 태도가 달
라지므로 하나님께 감사하게 될 것이다.

part 03

내가 너와 함께 있어
너를 보호할 것이라

"왜 두려워하느냐? 내가 너와 함께하며 너를 보호할 것이다. 너는 두려워 말라"라고 말씀하셨던 하나님과의 추억은 내게 또 다른 위기가 닥칠 때 그것을 이길 수 있는 힘이 되었다. 하나님과의 추억을 많이 쌓는 그리스도인이 되길 바란다. 내 힘으로는 더이상 아무것도 할 수 없다고 생각될 때, 그때가 하나님과의 추억을 쌓을 시간이다. 그때 골방에 들어가 하나님 앞에 눈물을 흘리고 마음을 토해내야 한다.

chapter 07

하나님은 언제나
우리와 함께하신다

야곱이 브엘세바에서 떠나 하란으로 향하여 가더니 한 곳에 이르
러는 해가 진지라 거기서 유숙하려고 그곳의 한 돌을 가져다가 베
개로 삼고 거기 누워 자더니 꿈에 본즉 사닥다리가 땅 위에 서 있
는데 그 꼭대기가 하늘에 닿았고 또 본즉 하나님의 사자들이 그
위에서 오르락내리락하고 또 본즉 여호와께서 그 위에 서서 이르
시되 나는 여호와니 너의 조부 아브라함의 하나님이요 이삭의 하
나님이라 네가 누워 있는 땅을 내가 너와 네 자손에게 주리니 네
자손이 땅의 티끌같이 되어 네가 서쪽과 동쪽과 북쪽과 남쪽으로
퍼져나갈지며 땅의 모든 족속이 너와 네 자손으로 말미암아 복을
받으리라 내가 너와 함께 있어 네가 어디로 가든지 너를 지키며
너를 이끌어 이 땅으로 돌아오게 할지라 내가 네게 허락한 것을
다 이루기까지 너를 떠나지 아니하리라 하신지라 야곱이 잠이 깨
어 이르되 여호와께서 과연 여기 계시거늘 내가 알지 못하였도다

창 28:10-16

내가 고등학교 다닐 때 교과서에 안톤 슈나크(Anton Schnack, 1892~1973)
가 쓴 〈우리를 슬프게 하는 것들〉이란 수필이 실려 있었다. 살면서 느
끼게 되는 작은 슬픔에 관해 노래한 수필이었는데, 그중 잊히지 않는
대목이 있다.

숱한 세월이 흐른 후에 문득 발견된 돌아가신 아버지의 편지.
편지에는 이런 사연이 씌어 있었다.
'사랑하는 아들아, 네 소행들로 인해 나는 얼마나 많은 밤을 잠 못
이루며 지새웠는지 모른다.'

대체 나의 소행이란 무엇이었던가.

하나의 치기어린 장난, 아니면 거짓말, 아니면 연애 사건이었을까.

이제는 그 숱한 허물들도 기억에서 사라지고 없는데

그때 아버지는 그로 인해 가슴을 태우셨던 것이다.

돌아가신 아버지의 편지에 적혀 있는 아들의 소행은 아마 죄성의 결과일 것이다. 인간은 참 편리하게도 자기에게 불리한 것들은 쉽게 망각하는 경향이 있다. 컴퓨터는 'Delete' 단추를 눌러야만 내용이 지워지는데, 인간은 자신에게 불리한 기억들, 별로 기억하고 싶지 않은 것들은 자동적으로 지워버리는 것 같다. 이 때문에 많은 이들이 자신의 어린 시절을 돌아볼 때, 자신은 부모님을 힘들게 한 적이 거의 없다고 생각한다. 다른 이들에게 물어보면 열의 아홉은 자신에게는 사춘기가 없었다고 대답한다.

기억의 복구가 필요하다

우리 아이는 중학교 2학년 때 사춘기가 시작됐다. 초등학교 때 그렇게 양순하던 아이가 어느 날 갑자기 이렇게 선언했다.

"아빠, 저 사춘기니까 건드리지 말아주세요."

그러더니 진짜로 사춘기를 시작했는데 어느 가정에서나 그런 것처럼 우리 아이도 사춘기 특유의 행동을 하곤 했다. 그럴 때면 우리 부부는 "얘는 도대체 누구를 닮은 거야? 나는 사춘기라는 게 없었는데. 아무리 생각해도 나는 부모님 속을 썩인 적이 없었어"라고 서로 억울하다는 듯이 이야기를 나눴다.

그런데 어느 날, 새벽 묵상을 하는데 하나님께서 나 스스로 다 지워버린 기억을 복구시켜주셨다. 나는 부모님의 속을 썩인 적이 없었다고 믿었고, 또 그것이 진실이라고 생각했다. 그런데 내가 부모님, 특히 어머니의 속을 썩였던 대목들의 필름이 복구되는데, 너무 신기했다. 어린 시절, 어머니와 이야기를 하다가 격분해서 내 방으로 들어가 주먹으로 책상을 쾅 내리쳤던 기억들이 다 떠올랐다. 그날 이후로는 우리 아이에게 "얘가 누굴 닮은 거야?" 하는 이야기를 할 수 없었다.

자기에게 유리한 것만 기억하고 불리한 것들은 다 망각하는 것은 하나님 앞에 나아올 때도 마찬가지인 것 같다. 어떤 사람들은 예수님이 자신을 위해 십자가를 지셨다는 말을 들을 때마다 억울해한다.

"나는 모태신앙인데 내가 무슨 죄를 지었다고 예수님이 나를 위해 십자가를 지셨다는 거지? 세상에서 방황하고 제멋대로 살다가 느지막이 교회에 와서 은혜 받았다고 하는 사람들을 위해서나 예수님이 십자가를 지신 거지!"

모태신앙은 은혜를 누리기가 참 어렵다. 부흥회를 해도 예수님을 만난 지 얼마 안 된 사람들이 뜨거워진다. "회개합시다! 우리가 안주하는 배에서 뛰어내려야 합니다!"라고 외치면, 그들은 가슴을 치며 회개한다. 그런데 모태신앙은 회개가 너무 힘들다. 자신은 세상에서 나쁜 짓을 한 기억도 별로 없고, 특별히 신앙생활을 떠난 적도 없기 때문이다. 탕자의 비유에서 둘째 아들처럼 아버지의 품을 떠난 사람은 오히려 돌아오기 쉬운데, 큰아들 같은 사람들은 아버지 품으로 진정으로 돌아오기가 쉽지 않다.

우리 가운데 자신에게 불리한 기억들을 자신의 편의대로 망각하고 그럴듯하게 포장하고 치장하면서 우아하게 교회를 왔다 갔다 하는 사람이 있다면 부끄러웠던 과거가 모두 복구되는 은혜가 임하기를 바란다.

탕자의 비유에서 둘째 아들이 다시 아버지에게로 돌아온 결정적인 계기는 딱 한 가지이다.

이에 스스로 돌이켜 이르되 눅 15:17

돈을 모두 탕진한 후에 배고픔에 굶주리면서도 깨닫지 못하고 돌아가지 못하다가 '스스로 돌이켜' 자각하는 순간, 바로 그 순간이 아버지와의 관계를 회복하는 출발이 되었다.

텅 빈 우리의 마음

가수 이종용 씨의 '바보처럼 살았군요'라는 노래 중에 이런 가사가 나온다.

어느 날 난 낙엽 지는 소리에 갑자기 텅 빈 내 마음을 보았죠.

그냥 덧없이 살아버린 그런 세월을 느낀 거죠.

저 떨어지는 낙엽처럼 그렇게 살아버린 내 인생을.

가장 인상적인 부분은 후렴구이다.

난 참 바보처럼 살았군요.

난 참 우우우우

후렴구에서 반복하는 "우우우"가 내 마음에는 '나는 왜 이렇게 살았을까?' 하는 탄식 소리처럼 들렸다.

그런데 이종용 씨에게는 그 노래를 부르게 된 계기가 있었다고 한다. 이종용 씨가 한창 인기 절정일 때, 그 인기를 감당할 수 없어 대마초에 손을 댔다가 5개월간 구치소 생활을 하게 되었다. 그때 그는 평생 잊지 못할 경험을 했다. 구치소에 같이 있던 한 사형수가 사형 집행장으로 끌려가면서, 그에게 이렇게 당부한 것이다.

"나는 내 죗값 때문에 이렇게 인생을 끝내지만, 당신은 내 몫까지 주님을 위해 살아주길 바랍니다."

그때 그 이야기가 큰 우레 소리처럼 들렸다고 한다. 그것이 계기가 되어 지난날 인기만을 좇던 자신의 삶이 얼마나 허망한지를 자각했다. 그러고 나서 부르게 된 노래가 '바보처럼 살았군요'이다.

어쩌면 우리의 인생도 이와 같다. 앞만 보고 정신없이 달리며 살았다. 그래서 넓은 집도 사고 자녀들도 좋은 대학에 보내고 이제 다 이루었다고 생각했는데, 어느 날 보니 마음이 텅 빈 것이다. 그런데 이런 자각이 우리가 영적으로 하나님 앞에 나아가는 계기가 된다. 이를 통해 하나님과의 관계가 회복되는 것이다.

험난한 야곱의 인생

이런 텅 빈 마음을 느낀 대표적인 성경의 인물이 '야곱'이다. 야곱은 소위 말하는 모태신앙이다. 그것도 아버지는 온유와 겸손의 상징인 이삭, 할아버지는 믿음의 조상인 아브라함이었다. 이 집안 분위기를 조금은 짐작해볼 수 있지 않은가?

그런데 이런 믿음의 가정에서 태어나 자랐음에도 야곱의 삶을 들여다보면, 그는 그렇게 영적이고 반듯하지 않았다. 잔꾀와 술수를 의지하고 자신의 목적을 위해서는 어떤 수단과 방법도 마다하지 않는 인물이 야곱이다.

야곱을 보면 마음이 아프다. 신앙적인 분위기에서 자랐더라도, 아버지가 장로님이고 어머님이 권사님이라 할지라도, 자동적으로 그 자녀에게 믿음이 전수되지는 않는다. 야곱을 통해 우리는 이런 사실을 알 수 있다.

야곱은 하나님은 멀리 계신다고 생각하고 자신의 얕은 잔꾀를 가까이에 두며 평생을 살았다. 그는 세상적인 욕심 때문에 음모를 꾸며 아버지를 속였고, 자신이 쟁취하고자 하는 목표 때문에 형 에서를 두 번이나 속였다. 자신의 유익을 위해서 남의 눈에 눈물 흘리게 만드는 것쯤은 눈 하나 깜짝하지 않고 했던 인물이 바로 야곱이다.

그런데 문제가 생겼다. 에서의 장자권을 빼앗고자 몸부림쳤고 그것을 빼앗았다고 생각했는데, 덧나고 말았다. 에서가 격분해서 야곱을 죽이려고 혈안이 되었기 때문이다. 야곱은 에서를 피해 집을 떠날 수밖에 없었다.

야곱이 얼마나 당황스러웠겠는가? 야곱의 집에서 외삼촌 라반의 집까지는 약 800킬로미터나 떨어진 먼 곳이다. 요즘처럼 차가 있는 것도 아니고 야반도주하듯 뛰쳐나온 야곱에게 얼마나 멀고 험한 길이었겠는가?

> 한 곳에 이르러는 해가 진지라 거기서 유숙하려고 그곳의 한 돌을 가져다가 베개로 삼고 거기 누워 자더니 창 28:11

그런 험한 길을 가다가 해가 지자 한 곳에 자리를 잡고 돌을 베개 삼아 몸을 뉘인 야곱의 모습을 상상해보라. 얼마나 절망적이었겠는가? 야곱은 성향이 다소 여성적인 인물이다. 그래서 이삭은 야곱보다 에서를 더 좋아했다. 에서는 씩씩하고 사내다우며 사냥을 잘한 반면, 야곱은 엄마인 리브가의 치마폭에 싸여 요즘으로 치면 인형놀이나 하는 인물이었다. 야곱에게 리브가가 없다는 건 상상할 수 없는 일이었다.

그런 야곱에게 지금 리브가와 떨어져 있다는 사실 자체가 고통일 것이다. 잔꾀와 술수를 통해 쟁취한 것들을 누리며 살았다고 생각했는데, 어느 날 눈을 떠보니 돌을 베개 삼아 누워 있는 자신을 발견했을 때, 기분이 어떠했겠는가?

야곱이 어떻게 하다 이렇게 되었는가? 야곱이 그 이후로 얼마나 험한 인생을 살았는가? 자신의 인생을 마무리하면서 회고하는 것이 "나는 참 험악한 인생을 살았습니다"(창 47:9 참조)라는 것 아닌가? 그 이유가 무엇인가?

눈물의 원인이 누구에게 있는가?

성경을 보면, 어머니의 태중에서 하나님의 약속을 받은 인물은 형에서가 아니라 야곱이었다.

> 여호와께서 그에게 이르시되 두 국민이 네 태중에 있구나 두 민족이 네 복중에서부터 나누이리라 이 족속이 저 족속보다 강하겠고 큰 자가 어린 자를 섬기리라 하셨더라 창 25:23

하나님께서는 분명히 큰 자가 어린 자를 섬길 것이라고 말씀하셨다. 그런데 이런 놀라운 복을 받고 태어난 야곱은 하나님을 신뢰하지 못했다. 스스로 자신의 인생을 영위하겠다고 몸부림을 치면 칠수록 오리무중이었다. 거미줄에 걸려 있는 곤충이 몸부림을 치면 칠수록 덫이 자신을 사로잡는 것과 같은 이치이다. 야곱은 "나의 인생을 돌아보니 참 험악한 세월을 보냈습니다"라고 고백할 수는 있어도 누군가를 탓할 수는 없었다. 가만히 있었으면 하나님께서 이미 복을 주시기로 작정하셨던 인생인데, 누구를 탓하겠는가?

우리의 인생도 다르지 않다. 눈물 없이는 들을 수 없는 사연을 가진 분이 열이면 아홉이다. 그런데 잘 생각해보면, 그 눈물의 원인이 어디에 있는가? 하나님을 의지하지 못하고 하나님께서 우리 인생에 함께 해주신다는 사실을 자각하지 못한 데서 오는 몸부림에서 기인한 것이 아닌가?

야곱의 어머니 리브가도 마찬가지이다. 야곱과 에서가 자신의 태중에 있을 때 분명히 하나님께서 주시는 음성과 메시지가 있었음에도 불구하고 야곱을 유난히 사랑하는 자신의 마음이 앞선 것이다. 유난히 사랑하는 것이 화근이다.

야곱이 그렇게 죽을 고생을 한 결정적인 계기 역시 리브가에게 있었다. 하나님의 메시지를 받았음에도 그대로 내버려두면 안 되겠다는 자신의 인간적인 생각이 자꾸 끼어드니까 문제가 생긴 것이다.

우리나라 어머니들 중에도 리브가 같은 분들이 많다. 자녀들을 가만히 내버려두면 스스로 진통하고 아파하고 그러다 자각하며 성장할 텐데, 자꾸 본인들의 눈에 시원찮으니깐 참견하는 것이다. 자신의 생각에 아이가 철도 없고 문제도 많고 공부도 못하는 것 같아도 하나님의 약속을 믿고 내버려두면 된다. 신앙생활 잘할 수 있도록 길만 잘 열어주면 되는 것이다. 하나님께서 어떻게 예수 그리스도의 보혈로 변화

받은 가정의 자녀들을 망하도록 내버려두시겠는가? 리브가에게 주셨던 야곱을 향한 그 약속이 우리의 자녀들에게 그대로 부어진 줄로 믿어야 한다. 부모의 안달복달이 자녀의 인생을 어긋나게 만들 수 있다.

하나님께서 주시는 '사다리'

그 절망적인 밤에 하나님께서 야곱을 만나주셨다. 야곱의 삶에 결정적인 변화를 준 그날 밤, 하나님께서 사다리라는 도구를 통해 그를 만나주셨다.

> 꿈에 본즉 사닥다리가 땅 위에 서 있는데 그 꼭대기가 하늘에 닿았고 또 본즉 하나님의 사자들이 그 위에서 오르락내리락하고
>
> 창 28:12

사다리는 어디에 쓰는 도구인가? A지점에서 B지점까지 자력으로는 닿을 수 없을 때, 사다리가 필요하다. 야곱이 자력으로는 하나님께 나아갈 수 없을 만큼 멀리 떨어져 있다는 것을 그로 하여금 자각하게 하는 도구가 사다리인 것이다.

우리의 심령을 살펴보자. 야곱도 모태신앙이었다. 신앙적인 분위기 속에서 성장했고, 눈만 뜨면 "하나님"을 부르짖는 환경에서 살았을 것이다. 그런데 어느 날 정신을 차려 보니 사다리가 필요했다. 자력으로는 하나님께 나아갈 수 없었다.

아무리 뛰어난 영적 지도자의 설교를 들어도 심령에 감동이 느껴지지 않을 때가 있다. 집회 때 옆에 앉은 사람이 은혜의 눈물을 흘리는 것을 보며 '나도 소싯적에는 저랬지' 하는 생각이 들었다면 하나님께 나아갈 수 없다. 마음에 감동이 일어나지 않는 것이다.

야곱의 인생에 가장 결정적인 순간, 인생의 터닝포인트를 이루는 그 계기가 사다리를 통해 이루어진 것이다. 이 사다리가 무엇인가? 예수님은 야곱의 그 상황에 대해 이렇게 말씀하셨다.

> 또 이르시되 진실로 진실로 너희에게 이르노니 하늘이 열리고
> 하나님의 사자들이 인자 위에 오르락내리락하는 것을 보리라
> 하시니라 요 1:51

그 사다리는 신약의 예수 그리스도를 예표하는 사건이었다. 나의 힘으로, 나의 의지로, 나의 도덕심으로, 나의 그 무엇으로 하나님을 만나는 것이 아니다. 예수 그리스도의 십자가 없이는 하나님 앞에 나아갈 수 없다는 절박한 마음에서부터 회복이 시작이 되는 것이다.

좋은 교회는 사다리를 보여주는 교회이다. 인간의 그 무엇을 자랑하는 교회가 아니라 예수 그리스도의 십자가 없이는 하나님을 알 수 없고 깨달을 수 없고 느낄 수 없음을 자각하게 해주는 교회가 좋은 교회이다. 사람들은 모두 감추어지고 예수 그리스도의 십자가만 드러나야 한다. 야곱이 하나님께서 내려주신 사다리를 발견하고 나서 어떤

고백을 하는가?

> 야곱이 잠이 깨어 이르되 여호와께서 과연 여기 계시거늘 내가
> 알지 못하였도다 창 28:16

여기서 생각해볼 부분이 있다. 하나님께서 야곱의 인생에 이때 처음으로 나타나셨는가? 아니다. 야곱이 태중에 있을 때부터 함께하셨던 분이 하나님이시다. 하나님께서 야곱을 멀리 떠나셨다가 다시 돌아오신 것이 아니다. 하나님은 한 번도 야곱을 떠난 적이 없으시다. 그런데 야곱은 "여호와께서 과연 여기 계시거늘"이라고 말한다. 야곱의 이 짧은 고백 속에 많은 것이 담겨 있다고 생각한다. 이 깨달음의 전제가 무엇인가? 회복을 말하는 것이다. 다시 시작할 수 있다는 것이다. 비록 지금 비참한 상황 가운데 있지만, 이것이 내 인생을 몰락시킬 수 없다는 희망을 말하고 있는 것이다.

지금 무슨 일로 마음이 무너져 있는가? 처음의 그 희망찬 꿈들은 왜 산산조각이 났는가? 결혼하기 전 '내가 이 여자를 세상에서 가장 행복한 여자로 만들어주겠다'는 다짐은 어디에 있는가? 첫 아이를 낳았을 때 '이 아이만큼은 후회 없는 인생으로 키우겠다'고 했던 각오는 어떻게 됐는가? 희망과 기대 대신 아픔과 낙심으로 얼룩진 인생이 있다면, 가장 절망적인 순간 야곱을 만나주신 하나님께서 영적 사다리이신 예수 그리스도의 십자가를 보여주시길 소망한다.

나와 함께하시는 하나님

야곱이 돌베개에서 일어나 눈을 떠보니 달라진 것은 아무것도 없었다. 형 에서는 여전히 자신을 죽이고자 벼르고 있었다. 그런데 은혜를 경험하고 나니 용기가 생겼다. '아, 다시 시작할 수 있구나'라는 사실을 확실히 깨달은 것이다.

나는 하나님께서 그날 야곱에게 주신 약속의 말씀을 묵상하면 눈물이 난다.

> 내가 너와 함께 있어 네가 어디로 가든지 너를 지키며 너를 이끌어 이 땅으로 돌아오게 할지라 내가 네게 허락한 것을 다 이루기까지 너를 떠나지 아니하리라 하신지라 창 28:15

이 말씀에는 한 마디도 버릴 것이 없다. 야곱의 현실에 가장 적절한 맞춤 메시지이다. 하나님께서는 야곱에게 뭐라고 말씀하고 계시는가?

첫째, 하나님께서는 내가 너와 함께 있다고 말씀하신다. 현실적으로 야곱은 지금 광야에 던져져 있다. 아무도 없는 절망적인 상황이다. 그런데 아무도 없는 것이 아니었다. 자기 혼자 남은 줄 알았는데, 하나님께서 야곱과 함께 계신다는 것이다. 야곱이 어머니의 사랑을 받으며 행복하게 지낼 때는 이런 메시지가 귀에 하나도 안 들렸을 것이다. 하나님이 계시지 않아도 불편한 것이 없었다. 그런데 가장 고독한 그 새벽, 하나님의 그 말씀이 야곱에게 어떤 의미로 다가왔겠는가?

총신대학교 신학대학원 기숙사에서 생활할 때, 주말에 기거할 곳이 마땅치 않아 힘들었다. 신학대학원 양지 캠퍼스는 산 중턱에 있다. 금요일 오후가 되면 다른 선후배, 동기들은 섬기는 교회에서 사역을 하기 위해 집으로 돌아간다. 그런데 나는 돌아갈 집이 없었다. 기숙사에서 일하시는 아주머니도 금요일 점심까지만 밥을 해주시고는 화요일에 돌아오셨다.

그래서 할 수 없이 사당동에 있는 학부 신학교로 가는데, 그 모습이 얼마나 처량한지 모른다. 칫솔, 치약, 속옷, 수건 등을 다 챙겨가지고 사당동 캠퍼스로 오면 잘 데가 없다. 학부 기숙사 문 앞에서 몇 시간을 서 있던 적이 한두 번이 아니다. 학부생들이 금요기도회를 하러 각 교회로 가면 빈자리에서 새우잠을 자다가 누가 와서 깨우면 다른 데로 옮겨 가 자는 생활을 반복했다.

한번은 서울에 있는 신혼부부인 친구가 자신의 집이 3일 동안 비니 잠시 동안 거기서 지내라고 했다. 그날 얼마나 좋았는지 모른다. 모처럼 정말 인간다운 생활을 할 수 있었기 때문이다. 텔레비전도 마음껏 보고 잠도 실컷 자며 행복한 시간을 보냈다.

다음날 오후가 됐다. 한 서너 시쯤 되니까 갑자기 내 신세가 처량해지기 시작했다. 만 하루를 다른 집에서 혼자 보내는데 전화를 걸 데도 없고 받을 데도 없는 내 신세가 너무 서글펐다. '나 혼자 이게 뭐하는 건가' 하는 생각에 외로워 마음이 무너졌다. 그때 친구네 집에 있는 기타를 들고 찬양을 부르기 시작했다. 가지고 있던 찬양집의 첫 장부터 불렀는데 어떤 찬양에서 마음이 무너졌는지 아는가?

> 당신이 지쳐서 기도할 수 없고
> 눈물이 빗물처럼 흘러내릴 때
> 주님은 우리 연약함을 아시고
> 사랑으로 인도하시네.
> 누군가 널 위하여 누군가 기도하네.
> 네가 홀로 외로워서 마음이 무너질 때
> 누군가 널 위해 기도하네.

이 찬양을 한 번 부르고, 두 번 부르고, 열 번 부르고, 열다섯 번 부르는데 눈물이 막 쏟아졌다. 울면서 다시 그 찬양을 불렀다. 어느 순간부터인가 이 찬양의 가사에서 '누군가'가 '성령님'으로 바뀌기 시작했다.

> 성령님 날 위하여 성령님 기도하네.
> 내가 홀로 외로워서 마음이 무너질 때
> 성령님 날 위해 기도하네.

찬양을 부르는데 성령님께서 나에게 말씀하셨다.

"너는 네 눈에 보이는 사람이 주변에 많으면 행복하고, 네 눈에 보이는 사람이 없으면 외로워지니? 왜 아무도 없다고 그러니? 내가 너와 함께하는데, 내가 네 곁에 있는데."

그 토요일 오후, 내 생애 잊을 수 없는 부흥회를 했다. 나의 마음속에 말로 다할 수 없는 감격이 느껴졌다.

우리는 때때로 외롭다고 느낄 때가 있다. 대인관계에 문제가 생기고 텅 빈 들판에 홀로 서 있는 것 같은 느낌이 들 때도 있다. 그러나 그럴 때 하나님을 찾고 하나님과의 교제가 회복되면, 외로웠던 마음이 없어지는 정도가 아니라 하나님의 사랑으로 충만해진다. 그러면 말로다 표현할 수 없을 만큼 가슴이 뜨거워진다.

곁에는 아무도 없고 형은 자신을 죽이겠다고 달려드는 상황 속에서, 자신과 함께하시겠다는 하나님의 말씀을 들었을 때 야곱이 느꼈던 감격도 이와 비슷했을 것이다.

나를 지키시는 하나님

둘째, 하나님께서는 야곱에게 네가 어디로 가든지 너를 지키시겠다고 말씀하신다. 지금 야곱은 무방비상태이다. 광야에 던져졌다. 돌을 베개 삼고 누워 있는데 멀리서 사나운 짐승의 소리가 들린다. 어떤 일이 일어날지 모르는 위급한 상황이다. 누구도 그를 도와줄 수 없다. 평생 치맛자락만 잡으면 위로가 되어주던 어머니도 없다. 그런데 그때 하나님께서 그에게 무엇이라고 말씀하시는가?

앞에서 언급했지만 내가 20대 초반 때 처음 미국에 갔을 때, 광야에 던져진 느낌이었다. 인생의 밑바닥을 경험했다. 학비를 마련하기 위해 안 해본 일이 없었다. 영하 20도의 추운 날씨 속에서 유태인 가게에서 일하는데, 그 추운 날씨에 눈이 오면 눈을 치워야 했고 틈만 나면 변기 청소를 해야 했는데 살고 싶지가 않았다. 내가 인생의 낙오자 같았다.

그러던 어느 날 형이 근무를 마치고 오면서 "너 이거 한번 읽어봐라" 하며 쪽지 하나를 내밀었다. 거기에는 '모래 위의 두 발자국'이라는 시가 써 있었다.

어느 날 밤 나는 꿈을 꾸었네.
하나님과 함께 긴 해안을 걷고 있는 꿈을.
하늘 저 편에는 내 살아온 인생 행로가 영상처럼 흐르고 있었지.
장면마다 나는 보았네 모래 위의 두 발자국을.
하나는 내 것, 다른 하나는 하나님의 것

내 인생의 최후의 장면이 나타났을 때 나는 돌아보았네.
모래 위의 두 발자국을.
아! 그러나 어찌된 일인가?

모래 위의 발자국은 하나뿐이니

내 인생의 가장 어려운 시련의 때에 그것도 여러 번.

나는 하나님께 말씀드렸네.

"하나님! 제가 하나님을 따르겠다고 말씀드렸을 때

하나님께서는 저와 항상 동행해주신다고 하였는데

내 인생의 가장 어려운 시련의 때에

그것도 여러 번 모래 위의 발자국은 하나뿐이니

저는 모르겠나이다.

모래 위의 발자국은 하나뿐이니 어찌된 일인지요?

하나님은 말씀하셨네.

"내 사랑스럽고 귀여운 자여,

시련의 때에 나는 결코 너를 떠난 적이 없단다.

모래 위의 발자국이 하나뿐일 때에 나는 너를 안고 갔노라."

　이 시를 읽는데 마음이 무너져 내렸다. 왜냐하면 당시 나는 스스로 느끼기에 내 생애 중 가장 초라하고 비참한 모습이었기 때문이다. 그런데 그 시를 통해서 하나님께서는 내가 가장 고독하다고 느낄 때, 삶의 무게가 무거워 혼자 허덕이고 있는 바로 그 순간에 나를 업고 계시다는 말씀을 주신 것이다. 혼자 헤매는 인생길이 아니라 힘든 나를 업고 계시는 하나님의 모습을 떠올리며 얼마나 많이 울었는지 모른다.

나는 목회하는 내내 그날의 그 뜨거웠던 눈물을 떠올린다. 그리고 오늘 그런 아픔과 고독의 눈물을 흘리시는 성도님들께 그 하나님의 함께하심을 전하며 그들을 위로하기 원한다.

우리 가운데 이런 고독의 통로를 지나고 계시는 분이 있다면 바로 이 시간에 성령님의 위로하심을 마음 깊이 느끼게 되기를 바란다. 우리와 함께 계셔서 우리가 어디로 가든 우리를 보호하시는 분이 바로 하나님이심을 깨닫게 되기 바란다.

나를 회복시키시는 하나님

셋째, 하나님께서는 야곱을 이끌어 이 땅으로 돌아오게 할 것이라고 말씀하신다. 야곱에게 이것보다 더 큰 위로의 메시지가 어디 있겠는가? 문제를 일으키고 기약 없는 길을 떠나는데 하나님께서 회복해 주시겠고 약속하신다. 원상복귀 시켜주시겠다고 하신다.

내가 청소년 사역을 할 때 고등학교 3학년 제자가 준 편지가 있다. "여호와께서 과연 여기 계시거늘 내가 알지 못하였도다"를 깨달은 여학생의 이야기이다.

한창 사춘기일 때, 밤마다 눈물로 베개를 홍건히 적시고서야 잠이 들곤 했습니다. 고등학교 국어 교사였던 아버지, 자녀들을 끔찍이 아끼셨던 어머니, 사랑하는 언니들과 남동생, 학교에서 친구들과 배울 수 있는 자유, 그리고 하나님. 보기에는 남부럽지 않게 갖출 것을 다 갖춘 가정의 셋째 딸인 저에게 말 못할 상처가 있었습니다.

아버지는 전통적인 불교 집안의 막내아들이었습니다. 또한 알코올 중독자에 폭력 가장이었습니다. 저녁 무렵 아버지가 돌아오지 않아 조마조마한 가슴을 부여잡고 있을 때, 문을 박차고 들어오셔서는 이유 없이 어머니를 때리시고는 온 집안을 풍비박산으로 만들기를 일주일에 4,5일이었습니다. 정말 악몽 같은 나날이었습니다. 매일 밤 아버지의 바지를 붙들고 늘어져 어머니가 맞는 것을 방어하며 정신없는 실랑이를 벌여야 했습니다. 날로 심해지던 의처증으로 정신적, 육체적인 고통을 견디지 못하던 어머니는 결국 유방암에 걸리셨고 머리카락이 다 빠지는 지독한 항암치료와 싸우며 한쪽 가슴을 절단하는 대수술을 해야만 했습니다. 저는 그런 아버지를 용서할 수 없었습니다.

지금도 생생하게 기억되는 악몽 같은 장면들이 있습니다. 그런 수술을 한 후 면역력이 키워지려면 3,4년 간 건강에 주의해야 한다던 병원 측의 충고에도 아랑곳 않고 아버지는 늘 예전의 버릇 그대로였습니다. 한날은 또 술을 먹고 들어오셔서는 어머니의 수술한 부위, 뼈밖에 남지 않은 그 부위를 주먹으로 내리치는 것입니다. 헉, 하고 고통하시던 어머니의 소리. 잊히지 않는 끔찍한 장면. 아버지가 도저히 인간으로 보이지 않았습니다. 짐승도 저렇지는 않을 것이라며 원망했습니다.

수없이 겪어야 했던 자살충동. 부엌에서 식칼을 빼 들고 들어와 문을 잠그고 수없이 움켜쥐다가 다시 부엌에 갖다 놓고를 반복했습니다. 어머니를 생각해서 절대 저는 죽을 수 없었습니다.

어머니는 대학교 때 뒤늦게 예수님을 알게 되었다고 합니다. 유치부 때부터 빠지지 않고 교회에 다니던 저는 중학교 때 수련회에서 하나님을 만났고, 절대로 용서할 수 없었던 아버지를 위해 기도하기 시작했습니다. 매일 밤을 눈물로 기도하다가 잠이 들곤 했습니다.

부잣집 아들이었던 아버지의 낭비벽으로 어머니의 피나는 수고에도 불구하고 저희 집은 부도를 맞았습니다. 하나님께서 육신의 아버지를 얼마나 사랑하셨던지 도무지 돌아설 기미가 보이지 않자 물질까지 모두 빼앗아 가셨습니다. 철저하게 아버지를 돌려놓으려고 하신 하나님의 계획이었음을 확신합니다. 부도를 맞아 서울로 올라온 지 벌써 1년 반이 되었습니다.

사랑의교회와 인연을 맺은 것도 1년 반이 되었고요. 아버지를 미워하지 말고 불쌍히 여기라는 어머니의 말씀대로 하나님께 매달리며 기도했습니다. 불쌍한 우리 아버지 좀 도와달라고요. 아버지를 제외한 큰언니, 작은언니, 저, 남동생 모두 신실한 기독교인이었기에 모두 아버지를 위해 기도했습니다.

서울에 온 지금 경제적인 어려움은 불편한 것일 뿐 저에게 아픔이 될 수는 없었습니다. 육신의 아버지께서 교회에 나오시고 얼마 전에는 세례까지 받으셨기 때문입니다. 아버지의 나쁜 버릇도 하나님께서 고쳐주셨고요. 경제적으로는 풍족했지만 정신적으로 항상 불안했던 예전보다, 지금 조금 불편하지만 아버지의 변화된 모습을 보며 더없이 기쁘고 하나님께 감사드립니다.

정말 하나님의 놀라운 역사를 경험했습니다. 아버지는 학교에서 퇴직하신 후 마땅히 할 일이 없어 요즘에는 건물 관리인을 맡고 계시고, 어머니는 호떡을 구우시며 저희 생계를 위해 고생하십니다. 요즘에는 두 언니의 대학 입학을 앞두고 입학금 걱정에 어머니께서 잠을 뒤척이는 것 같아 마음이 아픕니다. 석 달째 밀린 방세를 내라며 주인아주머니는 엄마를 달달 볶아대고, 남동생은 컴퓨터가 갖고 싶은지 친구 집에 있는 컴퓨

터를 부러워합니다. 그러나 이런 어려움 속에서도 내 안에 계시는 주님을 발견하기에 기쁘게 살아갑니다.

이제까지의 고난과 시험들을 통해 저는 하나님을 만났고, 이 고난을 주신 하나님께 감사드립니다. 이 그릇을 크게 하시기 위해 시험을 통해 연단하시는 하나님의 계획임을 저는 확신합니다. 목사님, 네 장의 긴 눈물의 편지를 읽어주시느라 수고 많으셨습니다. 이렇게 누군가에게 내 상처를 이야기할 수 있는 걸 보면 많이 아물었나 봅니다.

오늘 우리가 서 있는 그 자리가 고독의 장소 '루스'가 아니라 하나님을 만났던 눈물의 장소 '벧엘'이 되어야 한다(창 28:19 참조). 이 어린 고등학생이 발견한 놀라운 진리, 고난이 하나님을 만나는 통로가 되었다는 진리를 우리도 발견해야 한다.

chapter 08

하나님의 보호하심을 기억하라

내가 오늘 네게 명하는 여호와의 명령과 법도와 규례를 지키지 아니하고 네 하나님 여호와를 잊어버리지 않도록 삼갈지어다 네가 먹어서 배부르고 아름다운 집을 짓고 거주하게 되며 또 네 소와 양이 번성하며 네 은금이 증식되며 네 소유가 다 풍부하게 될 때에 네 마음이 교만하여 네 하나님 여호와를 잊어버릴까 염려하노라 여호와는 너를 애굽 땅 종 되었던 집에서 이끌어 내시고 너를 인도하여 그 광대하고 위험한 광야 곧 불뱀과 전갈이 있고 물이 없는 간조한 땅을 지나게 하셨으며 또 너를 위하여 단단한 반석에서 물을 내셨으며 네 조상들도 알지 못하던 만나를 광야에서 네게 먹이셨나니 이는 다 너를 낮추시며 너를 시험하사 마침내 네게 복을 주려 하심이었느니라 그러나 네가 마음에 이르기를 내 능력과 내 손의 힘으로 내가 이 재물을 얻었다 말할 것이라 네 하나님 여호와를 기억하라 그가 네게 재물 얻을 능력을 주셨음이라 이같이 하심은 네 조상들에게 맹세하신 언약을 오늘과 같이 이루려 하심이니라

신 8:11-18

《순전한 기독교》,《예기치 못한 기쁨》,《시편 사색》 등 주옥같은 책들을 저술한 기독교 지성인 C. S.루이스는 여덟 살 때 어머니를 잃었다. 그 일로 인해 그는 어린 마음에 큰 상처를 받고 두 가지 다짐을 했다고 한다.

하나는 절대로 엄마를 그리워하지 않겠다는 것이다. 이는 역설적으로 엄마에 대한 그리움이 아주 컸음을 보여준다. 또 다른 하나는 누구에게도 눈물을 보이지 않겠다는 것이다. 감당하기 어려웠던 아픔의 크기가 마음의 문을 꽁꽁 닫고 사는 것으로 표출된 것이다. 이후 C. S. 루이스는 냉철한 이성주의자가 되었다 그런 그의 삶에 일대의 변화가 일어났다. 평생 사랑을 준 적도 없고 받은 적도 없이 살아온 그가 60세가 넘어서 조이 데이비드 맨을 만나 사랑에 빠진 것이다. 둘의 만남은 결혼으로 이어졌는데, 결혼 당시 데이비드 맨은 암으로 1년밖에 살 수 없다는 진단을 받았다. C. S. 루이스는 그 사실을 다 알면서도 그녀를 진실로 사랑했기에 결혼을 결심했다. 그리고 그녀는 이후 무려 3년 2개월을 더 살다가 하나님나라로 가게 된다.

우리는 C. S. 루이스가 참 복도 없다고 생각할 수 있다. 60세 넘어 처음으로 사랑하게 된 여자가 하필 암에 걸려 시한부 인생을 살아야 했기 때문이다. 그러나 그는 자신의 일생을 회고하면서 인생의 가장 행복했던 순간은 아내 조이 데이비드 맨과 함께 보냈던 3년 2개월의 시간이었다고 말한다. 또한 아내를 먼저 떠나보낸 이후의 삶은 그 사랑의 힘으로 살 수 있었다고 회고한다.

C. S. 루이스의 이야기를 통해 사람이 누군가를 진실로 사랑한다는 것, 그리고 누군가에게 진실한 사랑을 받는다는 것이야말로 우리가 누릴 수 있는 복 중의 복임을 다시 한번 깨달을 수 있었다.

허물을 덮을 만큼 뜨겁게 사랑하라

당신은 자신의 상처 받은 마음을 단번에 치유하고도 남을 정도로 누군가를 뜨겁게 사랑해본 적이 있는가? 성경은 사랑이 허다한 죄를 덮는다고 말한다.

무엇보다도 뜨겁게 서로 사랑할지니 사랑은 허다한 죄를 덮느
니라 벧전 4:8

적당히 사랑해서는 허다한 허물을 덮을 수 없다. 그렇게 사랑할 경
우 덮일 듯 말 듯 하다가 제자리로 돌아오기 때문에 오히려 더 큰 상처
를 남길 수 있다. 진정한 사랑만이 허다한 허물을 덮는다. 우리는 자신
의 가족, 지인, 공동체의 허물을 덮고도 남을 사랑을 하고 있는가?

우리는 이런 사랑을 잘 하지 못한다. 그 때문에 하나님께서는 우리
에게 자녀를 허락하심으로써 허다한 허물을 덮는 하나님의 사랑을 조
금이나마 따라할 수 있도록 하시는 것 같다. 자녀를 키우는 부모라면
자녀를 사랑하는 자신의 모습을 보며 '내 안에도 이런 인내하는 사랑
이 있구나. 내 안에 이런 허다한 허물을 덮고도 남는 사랑이 있구나'
라는 것을 깨달을 것이다. 내 안에 있는 그 놀라운 사랑을 자녀 키울
때만 발휘하고 다른 때는 꼭꼭 숨겨놓는다면, 그것은 직무유기(職務遺
棄)이다.

우리가 믿는 예수님은 좋으신 분이다. 예수님은 우리에게 우리가
할 수 없는 일을 시키시는 분이 아니다. 결국 못할 것을 다 알면서 시
키시고는 못한다고 혼내시는 분이 아니다. 예수님이 "누구든지 너로
억지로 오 리를 가게 하거든 그 사람과 십 리를 동행하고"(마 5:41)라고
말씀하신 것은, 우리가 그럴 수 있기 때문이다. 성령님이 할 수 있는
힘을 주시기 때문이다. 원수를 사랑할 수 없을 것 같은가? 우리에게

사랑할 힘이 없는 것이 아니라 의지가 없는 것이다. 그러고 싶지 않은 것이다. 예수님께서 "원수를 사랑하라"(마 5:44)라고 말씀하신 것은 성령님을 의지하는 우리 안에 원수를 사랑할 수 있는 힘이 내재되어 있기 때문이다.

허다한 허물을 덮어주는 교회

어떤 배우자가 좋은 배우자일까? 우리는 너무 이기적이어서 상대방이 우리의 허물을 덮어주기만을 바란다. 그러나 좋은 배우자는 자신으로 하여금 상대방의 허물을 품을 수 있는 사랑을 하도록 만드는 사람이다. 반듯하고 모범적인 배우자도 정말 고맙지만, 더 유익한 배우자는 그리스도의 사랑이 내 안에서 흘러나오도록 만드는 배우자이다. 한시라도 깨어 기도하지 않으면 안 되는 배우자들로 인해 우리는 더 큰 하나님의 사랑과 긍휼을 경험할 수 있다.

이와 마찬가지로 교회도 허다한 허물이 있는 교회가 좋은 교회가 될 수 있다. 허다한 허물이 많아야 그것을 사랑으로 덮을 수 있지 않겠는가? 우아하고 교양 있는 사람들만 모여 있는 공동체는 분위기는 좋을 수 있겠지만, 그곳에서 허다한 허물을 덮을 수 있는 사랑이 나타나기는 힘들다. 공동체에 다른 사람의 잘못을 지적하며 분위기를 흐리는 사람이 있는가? 그런 사람 때문에 마음이 힘들고 공동체에 갈등이 생기는가? 그럴 때 허다한 허물을 덮는 사랑이 작동되는 것이다. 힘들지만 그런 사람을 사랑으로 품어 그 사람을 변화시키는 것이 좋은 교회요, 감동이 있는 교회이다.

자신의 공동체에 문제가 많은가? 그러면 그 문제를 사랑으로 품고 해결하면 된다. 자신의 공동체에 문제가 없는가? 그러면 문제가 많은 사람을 불러 모으면 된다. 즉, 전도해서 사람을 모은 다음, 그 허물을 사랑으로 덮으면 되는 것이다.

너는 잘될 수밖에 없단다

C. S. 루이스에게 있어 3년 2개월 동안 아내와 쌓았던 '사랑의 추억'이 그 이후의 그의 삶에 큰 영향을 미친 것처럼, 교회는 바로 이런 '사랑의 추억'을 제공해주는 곳이라고 믿는다. 그래서 나는 이런 질문하기를 좋아한다.

"어떤 교회가 좋은 교회인가?"

내가 생각하기에 좋은 교회는 성도들에게 사랑의 추억을 많이 만들어주는 교회이다. 교회가 제공해줄 수 있는 사랑의 추억은 두 갈래로 나뉜다.

첫째로 교회 구성원인 성도들 간의 사랑의 추억을 많이 쌓을 수 있는 교회가 좋은 교회이다.

어린 시절을 돌아보면, 나는 평범하기보다 약간 모자라는 학생이었다. 공부를 잘한 기억이 없다. 초등학교를 입학할 때부터 고등학교를 졸업할 때까지 반장, 부반장은 꿈도 못 꿨고, 돌아가면서 하는 분단장만 몇 번 해봤다.

내가 어릴 때는 신발에 따라 빈부 차이를 알 수 있었다. 형편이 아주 어려운 아이들은 검정 고무신, 보통인 아이들은 흰 고무신, 잘사는 아이들은 운동화를 신고 다녔다. 우리 집은 지독히 가난했기 때문에 나는 항상 검정 고무신을 신고 학교에 다녔는데, 그것이 나를 위축되게 만들었다. 나같이 가난한 아이는 선생님께서 사랑하지 않으실 것이라고 생각해 수업 시간에 질문도 하지 못했다. 내가 질문하면 선생님이 귀찮아하실 것이라 생각했다. 그 정도로 열등감이 많았다. 더군다나 일 년에 몇 차례씩 선생님들께 "찬수, 내일까지 학비 안 가져오면 맞을 줄 알아"라는 소리를 들었기 때문에 항상 주눅이 들고 웅크리고 있어야 했다.

그렇게 엿새 동안 주눅이 든 나를 구원해준 곳이 바로 교회였다. 엿새 동안 움츠린 학교생활을 하다가 주일에 교회만 가면 내가 주인공이 되는 것이었다. 남루한 옷을 입고 말도 어눌하게 하고 얼굴도 못생겼는데 교회만 가면 주목을 받았다.

"찬수야, 너는 걱정할 것 없다. 네 아버지가 기도하시다가 하나님의 부르심을 받았잖아. 그런 아버지를 둔 네가 잘못될 리가 없단다. 너는 잘될 수밖에 없는 아이란다."

어린 시절 교회만 가면 선생님들이 내게 이런 축복을 해주셨다.

내가 청소년 사역을 왜 그렇게 오래 했는지 아는가? 바로 어린 시절 교회에서 받은 사랑의 빚을 갚기 위해서이다. 내가 교회 선생님들로부터 정말 큰 축복을 받으며 자랐기 때문이다. 요즘 교사들은 고학력에 성경 지식도 풍부하다. 그런데 어찌된 영문인지 내가 어린 시절 누렸던 사랑의 혜택을 우리 청소년들과 아이들이 못 받고 있는 것 같았다. 교회에서도 예쁜 아이, 눈에 띄는 아이, 똑똑한 아이에게만 관심을 쏟는 것이 도저히 이해할 수 없고 화가 났다.

나는 우리 교회 선생님과 교역자들에게 우리 세 아이를 특별하게 대하지 말라고 부탁한다. 아이들의 담당 전도사님에게 담임목사 자녀라고 더 챙겨주지도 말고 더 기대하지도 말라고 이야기한다. 사실 우리 집 아이들을 포함해 교회 내의 중직자 가정의 아이들은 교회가 신경을 좀 덜 써줘도 아무 문제없다. 그 아이들은 등 떠밀어도 교회를 떠날 수 없는 아이들이다.

그런데 교회는 이상하게 중직자 아이들에게 지나치게 신경을 많이 쓰고 그들에 대해 지나치게 많이 이야기한다. 그것은 옳지 않은 일이다. 교회는 잘 믿는 집안의 아이들보다 집에서 핍박당하면서 혼자 신앙을 지키는 아이들을 더 돌아보아야 한다. 또한 세상에서 외면당하고 교회에 오는 아이들을 안아주고 위로해주어야 한다.

내 인생에 있어 교회의 소중함은 이민을 갔을 때도 계속되었다. 이민 초기 우울증이 찾아올 만큼 힘든 그 시절에도 나를 구원해준 곳은 다름 아닌 교회였다. 힘들게 살던 나를 위로해주시고 등 두드려 주시는 고마운 수많은 성도님을 교회에서 만났다. 특별히 잊히지 않은 것이 교회 찬양대에서의 사랑의 교제이다. 내 목소리를 들어본 사람은 알겠지만 찬양대에서 섬길 만한 목소리는 아니다. 그래서 내가 찬양대원으로 섬기기 시작한 후부터 그 교회 찬양대에 파트가 하나 늘었다. 기존에 있던 소프라노, 알토, 테너, 베이스에 바로 '금붕어' 파트가 추가된 것이다.

노래도 못하고 음악적 소질도 없는데 내가 왜 찬양대에 들어갔을까? 그 찬양대 안에 있는 대원들의 사랑 때문이다. 감당하기 버거운 삶의 무게에 힘들어하던 나를 따뜻한 사랑으로 보듬어주고 격려해주던 분들이 거기에 있었다. 그 분들의 사랑을 기억하기에 내가 우리 교회 찬양대원들에게 당부하는 것이 있다. 바로 화음 맞추는 데 너무 많은 시간과 노력을 쏟지 말고 서로를 사랑하는 데 힘쓰라는 것이다. 진짜 잘 맞추어진 화음을 듣고 싶으면 세종문화회관 같은 공연장에 가서 두어 시간 앉아 있으면 된다.

교회 찬양대가 보여주고 들려줘야 하는 것은 '육적인 목소리'가 아니라 '영적인 목소리'이다. 일주일 내내 서로를 뜨겁게 사랑한 흔적으로 나오는 목소리로 찬양해야 한다. 소프라노는 알토를 사랑하고, 알토는 소프라노를 사랑하고, 베이스는 테너를 사랑하고, 테너는 베이스를 사랑했을 때 나오는 그런 목소리로 찬양을 해야 한다.

이민 시절 찬양대원들의 사랑이 나를 살리는 힘이 되었던 것처럼 우리는 교회 안에서 만남의 축복을 누려야 한다. 성도들 가운데 지방으로 내려가게 되는 경우 종종 나에게 좋은 교회를 추천해달라고 부탁한다. 그런데 잘 모르는 지역이라 알고 있는 교회가 없을 경우 나는 담임목사의 설교가 좋은 교회보다 만남의 축복이 제공되는 교회인지 아닌지를 보고 결정하라고 권한다. 좋은 설교는 인터넷을 통해 얼마든지 들을 수 있다. 그러나 만남의 축복이 제공되는 교회, 허다한 허물을 덮어주는 사랑이 넘치는 교회는 내가 직접 속해 있지 않으면 소용이 없기 때문이다.

하나님과의 추억이 많은 교회

둘째로 하나님과의 추억을 많이 쌓을 수 있는 교회가 좋은 교회이다.

앞에서 언급한 것처럼 교회가 성도들 간의 아름다운 사랑의 추억을 제공해주는 것이 중요하긴 하지만 그것만으로는 건강한 교회가 되지 못한다. 교회는 바로 하나님과의 추억을 쌓아야 하는 공동체이기 때문이다.

사실 나는 이민을 가기 전에는 성도들과의 추억은 많았지만 하나님과의 추억은 별로 없었다. 당시 나는 하나님을 믿는 것 같기도 하고 믿지 않는 것 같기도 했다. 그런데 미국으로 건너가 인생의 밑바닥을 경험했을 때부터 하나님과의 추억이 생기기 시작했다. 그때부터 하나님을 생각하면 눈물이 흐르기 시작했다.

1990년 한국으로 돌아와서도 마찬가지이다. 가족은 모두 미국에 있는데 혼자 보따리 두개 들고 한국으로 돌아와 너무 외로웠다. 아무도 없는 서울에서 외로움이 몰려올 때, 방학이 되면 나 혼자 갈 곳이 없어 기숙사에 남아 있을 때, 하루 종일 한마디도 입을 뗄 수 없는 기간을 두 달씩 보낼 때, 그때 하나님과의 추억이 얼마나 많이 쌓였는지 모른다. 그리고 그것이 내 삶의 능력이 되었다. "왜 두려워하느냐? 내가 너와 함께하며 너를 보호할 것이다. 너는 두려워 말라"라고 말씀하셨던 하나님과의 추억은 내게 또 다른 위기가 닥칠 때 그것을 이길 수 있는 힘이 되었다.

하나님과의 추억을 많이 쌓는 그리스도인이 되길 바란다. 어려울 때, 고독할 때, 눈물이 날 때, 사랑받지 못한다고 느낄 때, 누구와도 통하지 않는다는 느낌이 들 때, 내 힘으로는 더 이상 아무것도 할 수 없다고 생각될 때, 그때가 하나님과의 추억을 쌓을 시간이다. 그때 골방에 들어가 하나님 앞에 눈물을 흘리고 마음을 토해내야 한다.

하나님과의 추억을 쌓아라

베드로는 결정적인 순간에 주님을 부인했다. 그러고는 3년 동안 예수님과 함께하며 쌓았던 모든 것을 허물어버리고 '더 이상 나는 이 생활을 할 수 없다'라고 판단하고 과거로 돌아갔다. 그런 그가 어떻게 회복되었는가? 물론 부활하신 예수님이 그를 만나주셨기 때문이다. 다시 불러주셨기 때문이다. 그러나 베드로 역시 예수님을 떠날 수 없었던 것이다. 예수님과의 추억이 너무 많기 때문에 도저히 그분을 떠날 수가 없었던 것이다.

그런 베드로의 마음을 담은 '친구의 고백'이라는 찬양이 있다. 이 찬양을 통해 주님과 베드로의 아름다웠던 지난 추억의 의미를 생각해 보길 바란다.

아름다웠던 지난 추억들

사랑했었던 많은 친구들

멀고도 험한 고난의 길을

나 이제 말없이 주님을 위하여 떠나야지.

수없이 많은 사람들 위해

당신이 바친 고귀한 희생

영원히 당신과 함께 있고파

사랑의 십자가를 맞이하네.

지난 유월절 저녁 성찬 때

주님과 함께 마시던 핏잔

그 일이 문득 생각이 나면

어느새 내 뺨에 주르르 눈물만이 흐릅니다.

새벽닭 울 때 난 괴로웠어.

풍랑이 일면 난 무서웠어.

하지만 이제 두렵지 않아.

이 세상 끝까지 주님을 위하여 죽을 텐데.

이 찬양에서 베드로는 새벽닭이 울 때마다 너무 괴로웠다고 고백한다. 풍랑이 일 때 너무 무서웠다고 회상한다. 실패한 자기의 모습을 기억하는 것이다. 그런데 그런 기억만 있다면, 그것은 절망이지 추억이 아니다. 실패한 그 기억들이 베드로에게 어떻게 능력이 되었는가? 그런 연약한 자신을 인자한 미소로 맞아주신 예수님이 계셨기에 아름다운 추억이 된 것이다.

베드로가 물 위를 걷다 빠졌던 장면을 떠올려보자. 베드로는 자신감 넘치는 모습으로 물 위를 걷다가 갑자기 두려운 마음이 들어 물속으로 빠져버렸다. 그러자 주님이 손을 내밀어 건져주셨다. 그때 예수님과 베드로의 눈이 서로 마주치지 않았겠는가? 물에 빠져본 경험이 있는 사람은 그 상황을 알 것이다. 베드로를 건져주시던 예수님의 눈빛이 어떠했을 것 같은가? 화가 나서서 '이 골칫덩어리! 뭐 하나 제대로 하는 것도 없구나' 하는 눈빛이었을까? 그렇지 않다. 물에 빠질 수밖에 없는 베드로를 향해 연민의 마음을 담은 그윽한 눈빛으로 바라보셨을 것이다. '미안해하지 마라. 부끄러워하지 마라. 괜찮다. 내가 다시 건져주면 되지 않니?' 하는 눈빛이었을 것이다.

그렇기 때문에 베드로에게 일생의 가장 수치스러운 사건이 될 수 있는 그 일이 주님과의 추억이 된 것이다. 베드로가 어떻게 잊을 수 있겠는가? 그때 주님의 그 눈빛을 말이다.

베드로가 주님을 배신하던 그 장면을 생각해보자. 베드로는 예수님과 가까운 거리에 있었다. 닭이 울 때, 또 베드로가 예수님을 부인할 때 예수님이 그를 보셨을 것이다. 그 눈빛이 어떠했을까? 나 같았다면 실망의 눈빛을 보냈을 것이다. 증오의 눈빛이었을 것이다. 그러나 예수님은 다르셨을 것이다. '너무 미안해하지 마라. 내가 미리 말했잖니. 넌 그렇게 약해. 그래서 넌 나를 의지해야 하는 것이란다' 라는 눈빛을 느낄 때 베드로의 마음은 무너질 수밖에 없었을 것이다. 죄책감과 절망감으로 평생 자기를 괴롭힐 수 있는 순간이 그 눈빛으로 인해 예수님과의 추억이 된 것이다.

가룟 유다가 불행한 인물인 것이 바로 이 점이다. 가룟 유다에게는 주님의 눈빛이 보이지 않았다. 예수님께서 그를 그윽한 용서와 사랑의 눈길로 얼마나 많이 바라보셨겠는가? 그러나 그는 그 눈빛을 발견하지 못했다. 그래서 죄책감으로 몰락한 것이다.

우리가 '내가 얼마나 고결한가, 내가 얼마나 순결한가, 내가 얼마나 흠도 티도 없이 살아가고 있는가' 하는 기준으로 살아간다면, 우리는 바리새인이다. 어떤 죄를 지었든 상관없다. 그 죄를 가지고 주님 앞에 나아갈 때 주님과의 아름다운 추억이 된다. 우리는 주님과 추억을 쌓아야 한다.

하나님과의 추억을 기억한다는 것의 의미

신명기에는 모세가 임종을 앞두고 이스라엘 백성들에게 했던 설교 세 편이 담겨 있다. 그런데 신명기에서 모세가 말하고자 했던 요지는 한 가지이다. 바로 '하나님을 기억하라'이다. 이것이 신명기의 핵심이다. 자신의 사명을 마치고 하나님나라로 가게 된 모세가 남겨진 백성들에게 마지막까지 했던 말은 바로 "하나님과의 아름다웠던 추억을 기억하라"라는 것이었다.

그렇다면 "하나님과의 추억을 기억하라"는 말씀의 의미는 무엇일까?

첫째, 하나님의 명령을 지켜 행하라는 뜻이다. 우리가 하나님을 추억한다는 것은 예수님의 사진을 매일 바라보며 예수님을 생각하라는 것이 아니다. 십자가를 목에 걸고 다니면서 십자가를 바라보라는 것이 아니다. 추억하라는 것은 그분의 명령을 지켜 행하라는 의미이다.

> 내가 오늘 네게 명하는 여호와의 명령과 법도와 규례를 지키지
> 아니하고 네 하나님 여호와를 잊어버리지 않도록 삼갈지어다
> 신 8:11

하나님을 기억하라는 말은 단순히 감상에 머무르는 것이 아니라 주님이 가르쳐주신 대로 살라는 의미이다. 우리의 삶 속에서 주님이 우리에게 가르쳐주셨던 율법을 지켜 행하고 하나님의 명령대로 순종하고자 애쓰는 것이 하나님을 기억하는 행위라는 이야기이다.

이런 관점에서 우리가 드리는 예배를 돌아봐야 한다. 어떤 예배가 은혜로운 예배일까? 성도들의 감성을 자극해 눈물을 흘리게 만드는 예배가 좋은 예배가 아니다. 예배를 감정적으로 몰고 가는 것은 위험한 일이다. 그런 것만을 원한다면 차라리 감정을 자극하는 연극이나 공연을 보는 것이 낫다.

신령과 진정으로 드리는 예배는 영적으로 하나님의 명령과 법도를 지킬 힘을 제공한다. 우리가 지난 한 주 동안 세상에서 하나님을 잊은

채 하나님께서 싫어하시는 일을 행하며 살았다면, 예배를 통해 다시 하나님을 기억하고 그동안의 삶을 회개해야 한다. 또한 내일부터 세상을 향해 나아갈 때 하나님 앞에 부끄럽지 않은 정직한 모습으로 살겠다고 결단하는 것, 이것이 은혜로운 예배의 모습이다. 그리고 이런 예배를 드리는 자만이 진정으로 하나님을 기억하게 되는 것이다.

둘째, 하나님과의 추억을 기억하라는 말의 의미는 '겸손하라'는 것이다. 신명기 8장 말씀을 보자.

> 네가 먹어서 배부르고 아름다운 집을 짓고 거주하게 되며 또 네 소와 양이 번성하며 네 은금이 증식되며 네 소유가 다 풍부하게 될 때에 신 8:12,13

그 다음을 살펴보자.

> 네 마음이 교만하여 네 하나님 여호와를 잊어버릴까 염려하노라 신 8:14

마음이 교만해질 때 사람은 과거에 주셨던 하나님의 은혜를 잊어버린다. 다시 말해, 교만해지는 것은 하나님을 잊고 있다는 뜻이다. 겸손하다는 것은 다른 것이 아니다. 내가 하나님을 기억하고 그분의 크심을 인정할 때, 나는 작아지는 것이다. 하나님을 기억하는 사람이 교만하다는 것은 불가능하다. 아무리 강조해도 지나치지 않은 것은, 하나님을 진짜 기억한다면 '겸손해야 한다'는 사실이다.

그러므로 교만해지지 않기 위해서는 하나님을 기억해야 한다. 나는 내가 교만하다 싶을 때면 이민 초기의 그 비참했던 현실과 그런 상황에서 나를 건져주신 하나님의 은혜를 떠올린다. 그러면 내가 현재 누리고 있는 이 풍성함의 원천은 내 능력이 아니라 하나님이시라는 사실을 시인할 수밖에 없다. 더 풍성한 은혜를 누리기 원한다면 우리 내면에 결코 교만을 허용해서는 안 된다.

셋째, 하나님을 기억하라는 말의 의미는 과거에 부어주셨던 은혜를 잊지 말라는 것이다.

신명기 8장에서 임종을 앞둔 모세가 이스라엘 백성에게 강조한 것이 바로 이것이다.

> 여호와는 너를 애굽 땅 종 되었던 집에서 이끌어내시고 너를 인도하여 그 광대하고 위험한 광야 곧 불뱀과 전갈이 있고 물이 없는 간조한 땅을 지나게 하셨으며 또 너를 위하여 단단한 반석에서 물을 내셨으며 네 조상들도 알지 못하던 만나를 광야에서 네게 먹이셨나니 신 8:14

그렇다면 모세는 왜 과거에 부어주셨던 하나님의 은혜를 이처럼 강조하는 것일까? 과거에 주신 은혜를 기억하는 것이 밝은 미래의 문을 여는 도구가 되기 때문이다. 가나안 정복 전쟁을 눈앞에 둔 이스라엘 백성에게 모세가 이처럼 과거에 주신 하나님의 은혜를 상기시킨 이유가 여기에 있다.

따라서 우리는 과거에 주셨던 하나님의 은혜에 대한 기억을 늘 되뇌어야 한다. 우리의 신앙 선배들은 이것을 잘 알고 잘 지켰다. 지금도 우리가 부르는 찬양 중에 우리 믿음의 선배들이 눈물로 부르던 찬양이 있다.

지금까지 지내온 것 주의 크신 은혜라
한이 없는 주의 사랑 어찌 이루 말하랴.
자나 깨나 주의 손이 항상 살펴 주시고
모든 일을 주 안에서 형통하게 하시네.

지금까지 지내온 것(새 찬송가 301장)

우리 조상들은 이 찬양만 부르면 눈시울이 붉어지곤 하였다. 힘들고 어려웠을 때 함께하신 하나님의 은혜에 대한 감격 때문이다.

우리는 이 찬양의 가사처럼 과거에 주신 은혜에 대한 감격이 바로 현재와 미래를 형통의 길로 인도하는 통로가 된다는 것을 기억해야 한다.

추억의 힘으로 이겨내라

현재 우리나라가 이만큼 먹고 살 수 있는 것은 비참하고 가난했던 과거를 잘 극복한 우리 윗대 어른들 때문이다. 이 은혜의 행렬은 지금도 계속되고 있다.

1983년에 처음 미국에 갔을 때, 일본 기업의 가전제품과 자동차는 매우 흔했던 반면 우리나라 제품은 찾아보기가 힘들었다. 그런데 얼마 전 미국에 가보니 거실에 삼성 텔레비전이 있는 가정이 많았고, 거리에는 현대 자동차가 눈에 많이 띄었다. 그토록 극빈했던 나라가 이처럼 우뚝 서기까지 누가 이런 은혜를 주셨는가? 바로 하나님이시다. 또한 1960-1970년대 그 모진 세월을 참고 인내하신 우리 부모 세대들 덕분이다.

우리는 살아 있는 동안 이 은혜를 절대 잊으면 안 된다. 우리가 누리고 있는 이 풍요 속에는 우리의 아버지 세대, 할아버지 세대의 수고와 헌신이 담겨 있다는 사실을 절대 잊으면 안 된다. 그 분들의 기도를 들어 역사하신 하나님의 은혜를 통해 우리가 지금 이 자리에 와 있는 것이다.

비록 지금 우리가 하나님의 은혜로 형통한 생활을 누리고 있더라도 우리 스스로가 얼마나 보잘것없고 얼마나 낮은 자인지를 잊어버리는 순간, 우리는 망하게 되어 있다.

머릿속으로 자신의 지난 세월을 떠올려보자. 과거 외롭고 힘들었을 때, 하나님께서 부어주셨던 은혜가 있을 것이다. 마음이 무너지고 절망이 밀려올 때 나를 만나주셨던 그 하나님의 은혜를 추억하기 바란다. 그리고 그 은혜로, 그 추억으로 지금의 어려움도 넉넉히 이길 수 있다는 담력이 마음속에 생겨나길 진심으로 바란다.

우리를 기억하사
매순간 보호하시는 하나님과 동행하라!

구약에서 '기억하다'라는 동사는 히브리 단어로 '자카르'인데, 이 단어는 단순히 '과거의 사건을 회상하는 것'만을 의미하는 것이 아니다.

창세기 8장 1절을 보면 '기억하사'라는 동사가 나온다. 이에 해당하는 단어가 '자카르'이다.

> 하나님이 노아와 그와 함께 방주에 있는 모든 들짐승과 가축을 기억하사 창 8:1

여기서 하나님께서 노아와 그와 함께 방주에 있는 모든 들짐승과 가축을 기억하셨다는 것은, 하나님께서 단순히 그 '사실'을 기억하고 계신다는 의미이기보다는 그들을 기억하사 그들을 위해 비를 그치게 하시는 등 방주에 있는 그들을 구하시는 것까지 포함하는 포괄적인 의미이다.

이는 앞뒤 문장을 연결해 살펴볼 때 선명하게 드러난다.

> 하나님이 노아와 그와 함께 방주에 있는 모든 들짐승과 가축을
> 기억하사 하나님이 바람을 땅 위에 불게 하시매 물이 줄어들었
> 고 깊음의 샘과 하늘의 창문이 닫히고 하늘에서 비가 그치매
>
> 창 8:1,2

이것이 '기억하다'를 뜻하는 '자카르'의 의미이다.
사무엘상 말씀도 마찬가지이다.

> 그들이 아침에 일찍이 일어나 여호와 앞에 경배하고 돌아가 라
> 마의 자기 집에 이르니라 엘가나가 그의 아내 한나와 동침하매
> 여호와께서 그를 생각하신지라 삼상 1:19

여호와께서 한나를 '생각하신다'에 해당하는 히브리 단어가 '자카르'이다. 여기서도 마찬가지로 '자카르'의 의미는 하나님께서 단순히 임신하지 못하는 한나를 기억하고 생각하셨다는 뜻이 아니라, 하나님께서 한나의 기도를 들으시고, 아들 없는 한나에게 아들을 주겠다고 약속하신 것까지 포함된 것이다.

이런 의미에서 하나님의 '기억하심'이 있는 인생은 복된 인생이다. 그 하나님의 기억하심이 노아를 보호해주시는 원동력이 되었고, 한나의 아픔을 치유해주시는 원동력이 되었다.

하나님의 보호와 공급하심이 있는 인생

이 글을 쓰고 있는 지금 내 가슴은 뛰고 있다. 그리고 내 입술에서 찬양이 흘러나오고 있다.

오 놀라운 구세주 예수 내 주

참 능력의 주시로다.

큰 바위 밑 안전한 그곳으로

내 영혼을 숨기시네.

메마른 땅을 종일 걸어가도

나 피곤치 아니하며

저 위험한 곳 내가 이를 때면

큰 바위에 숨기시고

주 손으로 덮으시네.

오 놀라운 구세주(새찬송가 391장)

지난 세월을 되돌아보니, 메마른 땅을 종일 걷는 것과 같은 고단한 여정 중에서도 기쁨으로 달려갈 수 있었던 분명한 이유가 있었다. 힘든 위기가 찾아올 때마다 '큰 바위에 숨기시고 주 손으로 덮어주시던' 하나님의 보호하심이 있었기 때문이다. 뿐만 아니라 그 어려운 길을 거뜬히 갈 수 있는 새 힘을 날마다 공급해주셨기 때문이다.

과거 청소년 사역을 하던 시절 늘 아이들에게 강조하던 한마디로 이 글을 마무리하고자 한다.

"어깨에 지워진 무거운 짐을 내려놓게 해달라는 기도를 드리기보다는, 내 어깨에 지워진 이 무거운 짐을 거뜬히 질 수 있는 튼튼한 어깨를 구하는 인생이 되거라!"

호화로운 양탄자 위를 걸어가는 행복한 인생이 아니라 '메마른 땅'을 걸어가는 고단한 삶이지만, 매순간 하나님의 '보호하심'의 은혜가 있는 인생이길 진심으로 기도한다.

보호하심

초판 1쇄 발행	2011년 5월 23일
초판 29쇄 발행	2012년 3월 30일
지은이	이찬수
펴낸이	여진구
책임편집	박민희
편집 1실	안수경, 이영주
편집 2실	김아진, 최지설
기획·홍보	이한민
책임디자인	이혜영, 이유아 | 전보영, 정해림
마케팅	김상순, 강성민, 허병용, 이기쁨
마케팅지원	최태형, 최영배, 이명희
제작	조영석, 정도봉
경영지원	김혜경, 김경희
이슬비전도학교	엄취선, 전우순, 최경식
303비전성경암송학교	박정숙, 정나영, 정은혜
303비전장학회 & 303비전꿈나무장학회	여운학
펴낸곳	규장

주소 137-893 서울시 서초구 양재2동 205 규장선교센터
전화 02)578-0003 팩스 02)578-7332
이메일 kyujang@kyujang.com   홈페이지 www.kyujang.com
트위터 twitter.com/_kyujang   페이스북 facebook.com/kyujangbook
등록일 1978.8.14. 제1-22

책값 뒤표지에 있습니다.
ISBN 978-89-6097-222-3 03230

규 | 장 | 수 | 칙

1. 기도로 기획하고 기도로 제작한다.
2. 오직 그리스도의 성품을 사모하는 독자가 원하고 필요로 하는 책만을 출판한다.
3. 한 활자 한 문장에 온 정성을 쏟는다.
4. 성실과 정확을 생명으로 삼고 일한다.
5. 긍정적이며 적극적인 신앙과 신행일치에의 안내자의 사명을 다한다.
6. 충고와 조언을 항상 감사로 경청한다.
7. 지상목표는 문서선교에 있다.

하나님을 사랑하는 자 곧 그의 뜻대로 부르심을 입은 자들에게는 모든 것이 合力하여 善을 이루느니라(롬 8:28)

 Member of the Evangelical Christian Publishers Association

규장은 문서를 통해 복음전파와 신앙교육에 주력하는 국제적 출판사들의 협의체인 복음주의출판협회(E.C.P.A:Evangelical Christian Publishers Association)의 출판정신에 동참하는 회원(Associate Member)입니다.